Vorschläge

zur

Reform des Irrenrechts

auf Grund

einer Vergleichung des italienischen mit dem

in Preussen geltenden Recht.

Von

C. Schultze

Landgerichtsrath am Landgericht I zu Berlin.

BERLIN SW[48].

Wilhelmstr. 119/120.

J. Guttentag, Verlagsbuchhandlung.

1896.

Literatur.

Ausser den im Text und in den Anmerkungen angeführten Gesetzen, Verordnungen und Sammelwerken sind folgende Schriftsteller benutzt worden:

1. Caldi, Commentario del codice civile. 1875.
2. Caldi, Commentario al codice della procedura civile. 1877.
3. Ricci, Corso teoretico-pratico di diritto civile. 1877.
4. Buniva, Del diritto delle persone secondo il codice civile del Regno d'Italia. 1871.
5. Paoli, Dell' Instituto della Interdizione secondo il codice civile italiano. 1881.
6. Lombardi, Codice penale per il regno d'Italia. 1889.
7. Daudé, Das Entmündigungsverfahren gegen Geisteskranke. 1882.
8. v. Kirchenhain-Reinaertz, Zur Reform des Irrenrechts. 1893.
9. Eulenburg, Handbuch des öffentlichen Gesundheitswesens. 1881, 1882.

„Fra le molte miserie che affligono l'uomo è gravissima quella che lo priva del buono dello intelletto e lo riduce a condizione talvolta peggiore di quella dei bruti, i quali almeno ubbidiscono alla provida legge del naturale istinto. Di quali esseri infelicissimi che più de fanciulli abbisognano della tutela e della società le legge di tutti i popoli hanno presa pietosa e sollecita cura."

Vigliani: Relazione sul progetto del codice civile al senato, pag. 88.

Einleitung.

Die Frage, ob die Entmündigung einer Person wegen Geisteskrankheit gerechtfertigt war oder nicht, ist in neuerer Zeit wiederholt in Gerichtsverhandlungen sowie in der Presse erörtert worden und hat Anlass zu Zweifeln geboten, ob die in Preussen bestehenden gesetzlichen Vorschriften ausreichende Garantieen dafür bieten, dass die Entmündigung stets nur gegen wirklich Geisteskranke ausgesprochen wird.

Andererseits ist dem Verfasser während seiner Thätigkeit als Staatsanwalt eine Anzahl von Fällen bekannt geworden, in denen die Fortführung eines Strafverfahrens unterbleiben musste, weil der Beschuldigte, Angeschuldigte oder Angeklagte nach dem Gutachten der gerichtlichen Sachverständigen geisteskrank und gemeingefährlich war, in denen aber trotzdem die Unterbringung des Betreffenden in eine Irrenanstalt, welche im Interesse der öffentlichen Sicherheit wünschenswerth erschien, nicht oder nur mit Mühe bewirkt werden konnte, weil die Entmündigung nicht durchzusetzen war. Es ist auch vorgekommen, dass die Leiter der angegangenen Irrenanstalten der Aufnahme der gedachten Personen Schwierigkeiten entgegengestellt haben, weil sie dieselben, ungeachtet des gerichtsärztlichen Gutachtens nicht für geisteskrank erachteten, oder dass sie solche Verbrecher, welche als geisteskrank eingeliefert waren, nach längerer oder kürzerer Zeit als geheilt entlassen haben, ohne dass die strafverfolgenden Behörden hiervon vorher verständigt worden sind.

Diese Thatsachen haben bereits mehrfachen Anlass zu Arbeiten und Vorschlägen für eine anderweite Regelung des Entmündigungsverfahrens und des Irrenschutzes geboten, ohne dass bisher ein Gesetzentwurf in dieser Richtung zu Stande gekommen ist.

Diese Sachlage regte in dem Verfasser den Wunsch an, fremde Gesetzgebungen daraufhin zu prüfen, ob dieselben vielleicht Bestimmungen enthielten, welche geeignet wären, derartige Unzuträglichkeiten vermeiden zu lassen.

Persönliche Beziehungen, zufällige Kenntniss der Sprache sowie der Umstand, dass die Rechtswissenschaft insbesondere auf strafrechtlichem Gebiet in Italien auf hoher Stufe steht, haben den Verfasser dazu geführt, die italienische Gesetzgebung zum Gegenstand seiner Prüfung zu machen.

Das Ergebniss der Letzteren ist in den folgenden Seiten niedergelegt.

A. Allgemeine Bemerkungen.

Die hier in Betracht kommenden Bestimmungen finden sich im Codice civile del Regno d'Italia, dem Codice della procedura civile, dem Regolamento generale giudiziario vom 14. Dezember 1865, dem Codice penale, den Disposizioni per l'attuazione del Codice penale, sowie dem Regolamento generale degli stabilimenti cascerarii vom 1. Februar 1891.

Während die beiden erstgenannten Gesetze und das Regolamento generale giudiziario die materiellen und formellen Voraussetzungen und Folgen der Entmündigung wegen Geisteskrankheit behandeln, finden sich in den letztgenannten Gesetzen und Verordnungen die Bestimmungen über die Stellung und Behandlung der Geisteskranken im Gebiete des Strafrechts.

Als dem italienischen Recht eigenthümlich ist hierbei vorweg zu bemerken, dass sowohl das Civilrecht wie das Strafrecht einen Unterschied der Behandlung zwischen den Personen macht, welche des Verstandes gänzlich beraubt sind, und jenen, bei welchen die Verstandesthätigkeit nur gemindert ist.

Ferner ist beiden Rechtsgebieten die Berücksichtigung gewisser körperlicher Gebrechen, welche geeignet sind, den freien Willen des Menschen zu beschränken, gemeinsam.

Der Hauptsitz der Lehre über diesen Gegenstand findet sich im Codice civile libro I, titolo 10 capo 2 und 3 im Anschluss von der Lehre über die Grossjährigkeit. Capo 2 behandelt die Lehre von der interdizione, der eigentlichen Entmündigung, welche nur gegen Personen stattfindet, welche ihrer Geisteskräfte vollkommen beraubt sind. Capo 3 behandelt die Lehre von der inabilitazione, der Geschäftsunfähigkeitserklärung, welche Personen gegenüber stattfindet, welche in ihren geistigen Fähigkeiten in Folge geistiger oder körperlicher Gebrechen gelitten haben oder Verschwender sind.

Durch die interdizione, Entmündigung, verliert der davon Betroffene die Freiheit, über seine Person und sein Vermögen zu verfügen, während die inabilitazione den von ihr Betroffenen nur in der Verfügung über sein Vermögen beschränkt.

Die Vorschriften über das Verfahren befinden sich im Codice della procedura civile, libro III, titolo 6, und ist dasselbe als eine besondere Prozessart aufgeführt (Libro terzo trägt die Ueberschrift dei vari procedimenti speciali).

Mit Rücksicht darauf, dass auch der Codice civile formelle Vorschriften enthält, glaube ich den Codice civile und den Codice della procedura civile nicht jeden für sich, sondern der besseren Uebersicht halber gemeinschaftlich behandeln zu sollen und zwar indem zunächst die materiellen Voraussetzungen der interdizione, dann das Verfahren, darauf die Wirkung und endlich die Wideraufhebung und deren Folgen erörtert werden sollen. In gleicher Weise soll demnächst die Lehre von der inabilitazione behandelt und schliesslich die Stellung der Geisteskranken im Gebiete des Strafrechts besprochen werden.

B. Spezieller Theil.

I. Entmündigung.

1. Materielle Voraussetzungen.

Der Codice civile bestimmt in den Artikeln 324 und 325 über die Personen, gegen welche ein Entmündigungsverfahren stattfinden kann, folgendes:

Art. 324. „Der Grossjährige und der aus der väterlichen Gewalt entlassene Minderjährige der sich im Zustande andauernder Geisteskrankheit befindet, welche ihn unfähig macht, seine eigenen Angelegenheiten wahrzunehmen, muss entmündigt werden[1]) und

Art. 325. Der Minderjährige, welcher nicht aus der väterlichen Gewalt entlassen ist, kann im letzten Jahr seiner Minderjährigkeit entmündigt werden.“[2])

Diese Bestimmungen finden ihre Rechtfertigung in dem Zweck, welchen der italienische Gesetzgeber bei der wegen Geisteskrankheit ausgesprochenen Entmündigung verfolgt, einerseits die Person und andererseits das Vermögen des Geisteskranken vor Gefahren, die aus der Geisteskrankheit entstehen, zu schützen.

Der Geisteskranke bedarf, um diesen Gefahren entgehen zu können, eines besonderen Schutzes durch das Gesetz und wird ihm ein solcher, wie später ausgeführt werden wird, dadurch gewährt, dass er unter Obhut eines Vormundes oder Pflegers gestellt wird.

Wenn sich aus dem Vorgesagten die Nothwendigkeit ergiebt, einen Grossjährigen,[3]) der sonst frei über sich und sein

---

[1]) Art. 324. Il maggiore di età ed il minore emancipato il quale si trovi in condizione di abituale infermità di mente che lo renda incapace di provvedere ai propri interessi deve essere interdetto.

[2]) Art. 325. Il minore non emancipato può essere interdetto nell' ultimo anno della sua minore età. — cfr. R.-Civilprocess-Ordnung § 593, Bürgerliches Gesetzbuch I 1. § 6.

[3]) Art. 323 (l. c.). La maggiore età è fissata agli anni ventuno compiti. Il maggiore d'età è capace di tutti gli atti della vita civile salve le eccezioni stabilite da disposizioni speciali.

Vermögen schalten und walten könnte, im Falle der Geisteskrankheit zu entmündigen, so folgt diese Nothwendigkeit für den Minderjährigen, der aus der väterlichen Gewalt entlassen ist,[1]) was durch Heirath auf Grund des Gesetzes, sonst nach Vollendung des 18. Lebensjahres durch Erklärung des Vaters oder im Falle des Fehlens des Vaters durch Erklärung des Familienraths[2]) vor Gericht geschehen kann, aus dem Umstande, dass auch der Emancipirte an und für sich geschäftsfähig ist und vor einem Missbrauch dieser Fähigkeit im Interesse seiner selbst und der bürgerlichen Gesellschaft geschützt werden muss.

Wenn der Gesetzgeber ferner die Entmündigung noch nicht emancipirter Minderjährigen im letzten Jahre der Minderjährigkeit ausdrücklich gestattet, obwohl sie entweder unter väterlicher Gewalt oder unter Vormundschaft stehen, so hat dies seinen Grund in der Erwägung, dass denselben rechtzeitig ein wirksamer Schutz für die Zwischenzeit von dem Beginn der Grossjährigkeit bis zum Eintritt der Entmündigung verschafft werden muss, damit sie nicht während dieser Zeit von ihrer Geschäftsfähigkeit zum eignen oder fremden Nachtheil Gebrauch machen können.

Damit die vorgenannten Personen entmündigt werden können, bedarf es der Feststellung einer dauernden derartigen Geisteskrankheit bei ihnen, dass sie nicht in der Lage sind, ihre eigenen Interessen wahrzunehmen.

---

[1]) Art. 310 (l. c.). Il minore è di diritto emancipato col matrimonio. Art. 311. Il minore che abbia compiuto gli anni diciotto, potrà essere emancipato dal genitore che esercità la patria podestà e in mancanza dal consiglio di famiglia. L'emancipazione si effettuerà mediante dichiarazione fatta davanti il pretore del genitore e mediante deliberazione del consiglio di famiglia. Art. 317. L'emancipazione conferisce al minore la capacità di fare da se solo tutti gli atti che non eccedano la semplice amministrazione.

[2]) Bei Einleitung jeder Vormundschaft oder Pflegschaft ist ein Familienrath, bei ausserehelichen Kindern ein Vormundschaftsrath einzusetzen, über dessen Zusammensetzung, Pflichten und Befugnisse später gesprochen werden soll. — Cod. civile Libro I. Tit. 9. Cap. II. sezione II. Art. 249 ff.

Der italienische Gesetzgeber hat es absichtlich vermieden, den Begriff: Geisteskrankheit, Geistesschwäche, näher zu erläutern, und ist insofern von älteren italienischen Gesetzgebungen und auch vom Code Napoléon abgewichen.[1]) Der Grund für dieses Verfahren ist in der ausserordentlichen Schwierigkeit zu finden, bei der Mannigfaltigkeit der Erscheinungen, unter denen sich eine geistige Störung kund geben kann, eine umfassende Definition dieses Begriffs zu geben, und in der Rücksicht auf den Umstand, dass die ärztlichen Sachverständigen selbst in ihren Meinungen über den Begriff der Geisteskrankheit in vielfachem Wiederspruch stehen.

Es erscheint deshalb der von dem italienischen Gesetzgeber gewählte Ausweg, lediglich die Grundsätze festzustellen, an welche sich der Richter, wenn er zur Entscheidung darüber, ob eine Person zu entmündigen ist, angegangen wird, halten soll, ausserordentlich sachgemäss, zumal diese Grundsätze dem Richter eine umfassende Freiheit der Beurtheilung gewähren, welche im Interesse des Schutzes der staatsbürgerlichen Rechte des Einzelnen dringend geboten erscheint.

Was der italienische Richter bei seiner Entscheidung über eine Entmündigung zu prüfen hat, ist nach den gesetzlichen Bestimmungen daher Folgendes: 1. Ob eine geistige und nicht nur eine körperliche Krankheit vorliegt, 2. ob dieselbe einen andauernden und nicht nur einen vorübergehenden Zustand darstellt und endlich 3. ob dieselbe derart ist, dass der Kranke zur Wahrnehmung seiner eigenen Interessen unfähig ist.[2])

Wie der Richter dies festzustellen hat, bestimmt der Codice della procedura civile und wird später erörtert werden.

Uebrigens ergiebt sich aus der Forderung, dass es sich

---

[1]) Cfr. Codice napolitano Art. 412, Codice Albertino Art. 368. Die toskanischen Gesetze vom 18. 11. 1814 Art. 21 u. Code civile français Art. 489. — Dieselben Gründe sind auch dafür massgebend gewesen, dass die R.-Civilprozessordnung, die Preuss. Vormundschaftsordnung, und das Bürgerl. Gesetzbuch, sowie das Strafgesetzbuch nur allgemein von Geisteskrankheit sprechen.

[2]) Aehnlich Daudé, Entmündigung S. 16 ff.

um einen andauernden Krankheitszustand handeln müsse, auch, dass auf etwaige lichte Augenblicke es nicht ankommen kann, zumal deren Beginn und Dauer im konkreten Fall sehr schwer zu bestimmen sein würde.[1])

Damit überhaupt ein Entmündigungsverfahren stattfinden kann, bedarf es eines Antrages bei dem zuständigen Gericht. Die Berechtigung zur Stellung eines solchen Antrages ist auf bestimmte Personen beschränkt. Der Art. 326 l. c. bestimmt: Die Entmündigung kann von jedem Verwandten, dem Gatten und der Staatsanwaltschaft beantragt werden.[2]) In erster Linie ist also die Familie des zu Entmündigenden zur Antragstellung berechtigt, während das Recht der Staatsanwaltschaft hierzu lediglich auf der öffentlich rechtlichen Bedeutung des Schutzes der Geisteskranken beruht. Unter Verwandten — congiunti — sind in der italienischen Praxis im Allgemeinen nur die Blutsverwandten ohne Rücksicht auf die Nähe des Grades verstanden. Die einzige Rücksicht für die Berechtigung zur Antragstellung ist, dass eine Erbberechtigung, wenn auch noch so entfernt, in Frage steht, weil die Erhaltung des Vermögens des Geisteskranken mit ein Grund zur Entmündigung ist. Einige Rechtslehrer wollen zu den congiunti auch die „affini", Verschwägerte, gerechnet wissen[3]), weil diese in anderen Beziehungen, z. B. bei der Bildung des Familienraths, den Blutsverwandten gleichgestellt werden,[4]) doch stimmen die meisten Rechtslehrer mit Rücksicht darauf, dass die Entmündigung im Wesentlichen im Interesse der engeren Familie stattfindet, darin überein, dass die Antragsberechtigung auf die

[1]) Caldi: Commentario del Codice civile. Band 4 S. 368.

[2]) Art. 326 l. c. L'interdizione può essere promossa da qualsiasi congiunto, dal coniuge e dal pubblico ministero. — cfr. Reichs-Civil-Prozess-Ordnung § 595.

[3]) Caldi: Commentario S. 381 ff., dagegen Ricci: Corso teoretico-pratico S. 8 ff. u. Pacifici-Manzini: Instituzioni I, 402.

[4]) Art. 253. Cod. civ. Non vi essendo i consulenti indicati nel articolo precedente (Art. 252) e non essendo in numero sufficiente il pretore deve nominare allo stesso ufficio altre persone, scegliendole per quanto sia possibile e conveniente fra i prossimi parenti o affini del minore.

Blutsverwandten beschränkt werden müsse. Aus demselben Interesse ist das Antragsrecht auch dem Gatten gegeben.

Die Berechtigung der Staatsanwaltschaft zur Antragstellung beruht, wie schon oben angedeutet, auf dem ausserordentlichen Interesse, welches der Staat naturgemäss daran hat, seine Angehörigen, die sich nicht selbst schützen können, gegen Ausbeutung zu schützen und andererseits auch seine Angehörigen vor Schaden durch Personen, die der Allgemeinheit gefährlich sind, in Schutz zu nehmen.

Mit Rücksicht indessen darauf, dass die Fürsorge für den Geisteskranken in erster Reihe Sache der Familie ist, wird die Thätigkeit der Staatsanwaltschaft nur dann eintreten können, wenn der zu Entmündigende keinen Verwandten oder Gatten hat, oder diese es verabsäumen, ihrer Pflicht nachzukommen.[1])

Das von dem italienischen Gesetzgeber stets besonders hervorgehobene Moment, dass die Entmündigung wesentlich auch im Interesse der Familie des zu Entmündigenden stattfindet, hat in der italienischen Praxis zu der Anschauung geführt, dass das Entmündigungsverfahren gewissermaassen ein „familiengerichtliches" ist.[2])

Diese Anschauung hat einerseits dazu geführt, dass die Wissenschaft annimmt, dass die Zurückweisung eines Antragstellers nicht gegen andere Antragsberechtigte wirksam ist, der Antrag auf Entmündigung vielmehr von anderen berechtigten wiederholt werden kann; andererseits aber der Betrieb des Verfahrens hauptsächlich in die Hände der Familie gelegt ist und die Einmischung dritter Person — etwa der Gläubiger des zu Entmündigenden nicht zuzulassen ist, weil deren Interessen mit denen der Familie im Widerspruch stehen könnten.[3])

2. Formelle Voraussetzungen.

Hinsichtlich der formellen Voraussetzungen für die Einleitung des Entmündigungsverfahrens bestimmt der Codice

---

[1]) Caldi: Commentario della procedura civile S. 845 ff.
[2]) Caldi: Commentario del codice civile. Band 4 S. 385.
[3]) Caldi: Commentario del codice civile. Band 4 S. 385.

della procedura civile tit. VI articolo 836.[1]) „Der Antrag auf Entmündigung oder die Geschäftsunfähigkeitserklärung wird durch eine Eingabe beim Civilgericht erster Instanz angebracht, in dessen Bezirk die Person, gegen welche sich der Antrag richtet, ihren Wohnsitz hat. In der Eingabe müssen die einzelnen Thatsachen angegeben sein, auf welche sich der Antrag stützt, und die Zeugen, welche darüber unterrichtet sind, bezeichnet werden. Wenn schriftliche Beweisstücke vorhanden sind, sind dieselben der Eingabe anzuschliessen.

Das Gericht beschliesst nach Anhörung der Staatsanwaltschaft in nicht öffentlicher Sitzung.“

Nach dieser Bestimmung ist also lediglich das Gericht des Wohnsitzes des zu Entmündigenden für das Entmündigungsverfahren zuständig. Die Praxis nimmt aber an, dass der Antrag auch bei dem Gericht des Aufenthaltsortes angebracht werden könne, weil das Gesetz, wo es von der örtlichen Zuständigkeit der Gerichte spricht, stets die Wahl zwischen beiden Gerichtsständen lasse und hier ein Grund für eine Ausnahme nicht vorliege.[2])

Der Antrag muss ferner schriftlich sein und diejenigen Thatsachen, auf welche er sich stützt, im einzelnen unter Beweisangaben anführen, widrigenfalls er als nicht angebracht angesehen wird. Doch liegt es in der Natur der Sache, dass Beweisdokumente auch noch im späteren Verlauf des Verfahrens eingereicht werden können und vom Richter berücksichtigt werden müssen.

Das weitere Verfahren gestaltet sich derart, dass das Gericht nach Anhörung eines Berichterstatters den Antrag der

---

[1]) Cod. d. proced. civ. art. 836: La domanda d'interdizione o d'inabilitazione è fatta con ricorso al tribunale civile nella cui giudirizione ha domicilio la persona, contro la quale è proposta. Nel ricorso devono essere esposti in articoli i fatti sui quali si fonde la domanda, e indicarsi i testimoni informati. Se si siano documenti giustificativi si uniscono al ricorso. Il tribunale provvede in camera di consiglio sentito il ministero pubblico. — cfr. Reichs-Civil-Prozess-Ordnung § 594, 596, 597[1]. Gerichtsverfassungsgesetz § 172.

[2]) Caldi: Commentario del cod. civ. B. 4. S. 388.

Staatsanwaltschaft behufs Aeusserung übermittelt und sich demnächst nach Prüfung der Beweismittel schlüssig macht, ob der Antrag zugelassen oder zu verwerfen ist.[1]) Die betreffende Entscheidung enthält keine Gründe.

Wenn das Gericht den Antrag nicht ohne Weiteres zurückweist, so greift folgendes Verfahren Platz.

3. Verfahren.

Der Artikel 327[2]) des Codice civile bestimmt in Absatz I:

„Die Entmündigung kann nicht ausgesprochen werden, wenn nicht eine gutachtliche Aeusserung des Familien- oder Vormundschafts-Raths eingeholt ist, und erst nachdem eine Vernehmung der Person, gegen welche die Entmündigung beantragt ist, stattgefunden hat", und im 3. Absatz: „Nach der Vernehmung bestimmt das Gericht erforderlichen Falls einen vorläufigen Verwalter, damit derselbe die Pflege der Person, deren Entmündigung beantragt ist, und die Sorge für deren Vermögen übernimmt".

In Uebereinstimmung hiermit befindet sich die Vorschrift des Art. 837 des Codice della procedura civile.[3]) „Wenn das Gericht den Entmündigungsantrag nicht ohne Weiteres

---

[1]) Caldi: Commentario del codice della procedura S. 847.

[2]) Art. 327, cod. civile.: L'interdizione non potrà essere pronunziata se non avuto il parere del consglio di famiglia o di tutela, e dopo essere proceduto all' interrogatorio della persona contro cui si promuove . . . . Dopo l'interrogatorio il tribunale deputerà, se occore, un amministratore provvisionale, affinchè prenda cura della persona di fu chiesta l'interdizione e dei suoi beni. — Reichs-Civil-Prozess-Ordnung § 597 ff.

[3]) Art. 327. Cod. d. proc. civ.: Il tribunale se non rigetti senz' altro la domanda ordina la covocazione del consiglio di famiglia o di tutela per le sue deliberazioni. Le deliberazioni del consiglio sono depositate della parte istante nella cancelleria per essere unite al ricorso, il presidente stabilisce con decreto il giorno e l'ora in cui debba essere sentita la persona, contro cui è promossa l'interdizione o l'inabilitazione. Copia del ricorso e del decreto è notificata alla detta persona nei modi prescritti per la notificazione dell' atto di citazione nel termino stabilito dal presidente.

abweist, so verfügt es die Berufung des Familien- oder Vormundschafts-Rathes zu seiner Berathung. Die Verhandlungen des Rathes werden von der die Sache betreibenden Partei in der Gerichtsschreiberei niedergelegt, um mit dem Antrag verbunden zu werden. Alsdann beraumt der Präsident des Gerichts durch Verfügung den Tag und die Stunde an, in welcher die Person, gegen welche der Antrag auf Entmündigung oder Geschäftsunfähigkeitserklärung gestellt ist, gehört werden soll.

Abschrift des Antrages und der Verfügung sind der gedachten Person nach Maassgabe der für die Ladungen festgesetzten Bestimmungen innerhalb einer vom Präsidenten festgesetzten Frist mitzutheilen."

Da nach den angezogenen Bestimmungen für die Einleitung des Verfahrens die Einholung einer Aeusserung des Familien- oder Vormundschafts-Rathes erforderlich ist, so erscheint hier der Ort, die Einrichtung und Thätigkeit dieser Institute kurz zu erörtern.[1])

Die einschlägigen Bestimmungen finden sich im 2. Abschnitt des Titels 9 Capitel 2 Buch I des Codice civile Art. 249—262.[2]) Nach denselben muss bei Einleitung einer Vormundschaft für die ganze Dauer derselben ein Familienrath bei dem Amtsgericht des Wohnortes des Minderjährigen eingerichtet werden. Sobald der Vormund in einem anderen Bezirk wohnt oder seinen Wohnsitz dorthin verlegt, kann das Landgericht durch Verfügung den Sitz des Familienrathes dorthin verlegen Der Civilstandsbeamte muss in den Fällen, wo er die Todesanzeige einer Person empfängt, die minderjährige Kinder hinterlässt, oder bevor eine Wittwe eine neue Ehe eingeht, hiervon sofort den Amtsrichter in Kenntniss setzen. Der vom Vater ernannte Vormund, der gesetzliche Vormund, und die Verwandten, welche nach dem Gesetz Mitglieder des Familienraths sind, sind bei der Strafe, für etwaigen Schaden insgesammt aufzukommen,

---

[1]) cfr. Anmerkung 2, zu S. 9.

[2]) cfr. Preuss. Vormundschaftsordnung § 71 ff., Bürgerl. Gesetzbuch § 1859, § 1905 ff.

verpflichtet, dem Amtsrichter von dem Ereigniss Kenntniss zu geben, welches Anlass zur Einleitung der Vormundschaft bietet. Der Amtsrichter zieht die nöthigen Erkundigungen ein und beruft in möglichst kurzer Frist den Familienrath, um die im Interesse des Minderjährigen erforderlichen Anordnungen zu treffen. Der Familienrath setzt sich aus dem Amtsrichter, der ihn beruft und den Vorsitz führt, und aus vier Beiräthen zusammen. Ausserdem nehmen an demselben Vormund, Gegenvormund und bei dem Minderjährigen, der aus der väterlichen Gewalt entlassen ist, der Pfleger Theil. Der Minderjährige, welcher das 16. Lebensjahr vollendet hat, darf den Berathungen beiwohnen, hat aber keine Stimme, trotzdem ihm der Zusammentritt des Familienrathes mitgetheilt werden muss.

Die Beiräthe sind nach dem Gesetz, wenn sie nicht in anderer Eigenschaft Mitglieder des Familienrathes sind 1. die männlichen Ascendenten, 2. die leiblichen Brüder, 3. die Oheime und zwar mit der Maassgabe, dass in jeder Klasse die nächsten Verwandten, bei Gradesnähe die älteren den Vorzug haben.

Falls die Beiräthe aus den vorgenannten Klassen gar nicht oder nicht in ausreichender Anzahl vorhanden sind, muss der Amtsrichter andere Personen berufen, die soweit es angängig und zuträglich ist, aus den nächsten Verwandten oder Verschwägerten des Minderjährigen zu wählen sind. Fehlen auch solche, so sind die Beiräthe aus den langjährigen Freunden des Vaters zu bestellen.

Entbindung von dem Amt des Beiraths kann der Amtsrichter auf Antrag wegen grosser Entfernung oder anderer erheblicher Ursachen aussprechen und ernennt Ersatzmänner nach den oben erörterten Vorschriften: ebenso verfährt er, wenn Beiräthe während der Vormundschaft ausscheiden.

Die Berufenen müssen persönlich erscheinen und unterliegen bei nicht entschuldigtem Ausbleiben einer Geldstrafe.

Bleibt ein Beirath andauernd aus, so muss der Amtsrichter einen Ersatzmann bestellen und macht, falls kein triftiger oder dauernder Grund der Abwesenheit vorliegt, der

Staatsanwaltschaft Mittheilung, die gegen den Betreffenden bei dem Civilgericht auf Verhängung einer Geldstrafe anträgt.

Das Protokoll über die erste Versammlung muss die Thatsache angeben, aus denen jedes Mitglied sein Recht herleitet und die Erklärung, ob bezw. dass der Familienrath vorschriftmässig bestellt ist. Sechs Monate nach dem ersten Zusammentritt können die Handlungen des Familienrathes nicht mehr wegen Unzuständigkeit oder ordnungswidriger Bestellung angefochten werden. Auch innerhalb dieser sechs Monate können dieselben nicht zum Nachtheil Dritter, die sich in gutem Glauben befinden, angefochten werden. Der Amtsrichter muss während der Vormundschaft den Familienrath auf Antrag des Vormundes, Gegenvormundes, Pflegers oder zweiter Beiräthe oder derer, die ein gesetzliches Interesse haben, zusammenrufen; kann dies aber auch von Amtswegen. Die Berufung kann auch durch den Staatsanwalt angeordnet werden.

Zur Gültigkeit der Beschlüsse ist die Einberufung aller und die Anwesenheit von mindestens drei Mitgliedern ausser dem Amtsrichter erforderlich. Es entscheidet absolute Stimmenmehrheit, bei Stimmengleichheit die Stimme des Richters. An der Berathung von Angelegenheiten, an denen sie persönlich interessirt sind, dürfen die betreffenden Beiräthe nicht theilnehmen. Wenn es sich um Ernennung, Entbindung oder Entlassung des Gegenvormunds handelt, hat der Vormund keine Stimme und ebenso der Gegenvormund, wenn der Vormund oder Ernennung eines neuen Vormunds in Frage kommen.

Wenn Beschlüsse nicht mit Einstimmigkeit gefasst werden, muss das Protokoll die Meinung eines jeden Mitgliedes angeben. Derartige Beschlüsse können vor dem Landgericht gegenüber den Mitgliedern, welche denselben zugestimmt haben, von dem Vormund, Gegenvormund, Pfleger und den anwesend gewesenen Beiräthen angefochten werden.

Ausserehentlichen Kindern wird ein Vormundschaftsrath bestellt, wenn nicht der Vater über den anerkannten Sohn die gesetzliche Vormundschaft führt. Wenn die Anerkennung in den gesetzlichen Formen erfolgt ist, so setzt sich der Vormundschaftsrath aus dem Amtsrichter und vier Freunden des Vaters zusammen, im entgegengesetzten Fall aus dem Amtsrichter, zwei Gemeinderäthen oder zwei andern vom Amtsrichter selbst gewählten Personen.

Für Kinder, welche sich in öffentlicher Pflege befinden, wird, wenn sie keine bekannte und zur Führung der Vormundschaft geeignete Blutsverwandte haben, bildet die Verwaltungsbehörde der Pflegeanstalt ohne Hinzuziehung des Amtsrichters den Vormundschaftsrath, der auch eins der Mitglieder zum Vormund ernennen kann. Das Amt des Familienraths ist unentgeldlich. Der Familienrath hat, im Falle eine Wittwe sich von Neuem verheirathet, darüber zu beschliessen, ob ihr die Vermögensverwaltung zu belassen ist und über die Erziehung der Kinder zu entscheiden, einen Vormund zu ernennen, wenn keine Eltern vorhanden sind und kein gesetzlicher oder ernannter Vormund vorhanden ist, sowie den Gegenvormund, ferner vorläufige Entscheidung über Entbindung von der Vormundschaft zu treffen, ebenso über Aufenthaltsort und Erziehungsort des Minderjährigen und Unterbringung in eine Erziehungsanstalt, falls dies der Vormund beantragt. Der Minderjährige kann sich beim Familienrath über den Vormund beschweren. Der Familienrath ist auch bei der Inventaraufnahme thätig und beschliesst über Verwerthung des Vermögens und setzt die Raten für den Unterhalt u. s. w des Mündels fest, bestimmt auch die Höhe der Caution des Vormundes.

Der Vormund muss für die Kündigung von Kapitalien, Darlehne, Anlegung von Geldern, Verpfändungen, Hypotheken, Verkauf unbeweglicher und beweglicher Güter, ausser wenn solche leicht verderblich sind, Cessionen, Ankäufe, Erklärungen in Erbschaftsangelegenheiten, Geschäftsübernahmen und Prozesse stets im einzelnen Fall die Genehmigung des Familienrathes haben, welcher bei lästigen Geschäften noch der Genehmigung des Landgerichts bedarf. Der Vormund hat auch dem Familienrath jährlich Rechnung zu legen.

Für die Bildung des Familien- oder Vormundschafts-rathes für den zu Entmündigenden hat nun der 2. Abschnitt des Artikels 327. l. c.[1]) bestimmt: „Gatte und Descendenten der Person, deren Entmündigung beantragt ist, oder die Verwandten, welche sie beantragt haben, können zu dem Familien- oder Vormundschaftsrath weder gehören, noch dessen Berathungen beiwohnen, bevor nicht ein Endurtheil ergangen ist; sie haben aber ein Recht auf Gehör, um dem Rath Aufklärungen zu geben".

Der Grund dieser Maassregel ist darin zu finden, dass man es vermeiden wollte, dass die Verwandten nicht in einer Person Kläger und Richter sind und weil bei Gatten und Descendenten möglicherweise zu befürchten steht, dass sie aus Eigennutz handeln könnten.[2])

Aus dem Wortlaut des Gesetzes: ordina im Artikel 837 Cod. d. proced. civ. folgert die italienische Praxis übrigens, dass bei der Entmündigung eines Minderjährigen, der aus der väterlichen Gewalt entlassen ist, oder der im letzten Jahr der Minderjährigkeit steht, ein neuer Familien- oder Vormundschaftsrath bestellt oder aber mindestens dessen Ergänzung vorgenommen werden muss, soweit Verwandte unter gewissen, obenerwähnten Voraussetzungen von der Mitgliedschaft ausgeschlossen sind.

Der nach den vorher erörterten Grundsätzen gebildete Familien- oder Vormundschaftsrath hat dem Gericht, gemäss seiner Berathungen, ein Gutachten einzureichen, welches sich nicht, wie im französischen Recht nur auf den Geisteszustand des zu Entmündigenden beschränkt,[3]) sondern auch sich darüber äussert, ob die Entmündigung anzuempfehlen ist oder nicht. Einige Rechtslehrer[4]) sind der Ansicht, dass aus dem Wortlaut

[1]) Art. 327. l. c. Capoverso 2: Il coniuge e i discendenti della personà di cui si domanda l'interdizione e i parenti che l'abbiano promossa non possono far parte del consiglio di famiglia o di tutela, nè assistere alle sue deliberazioni fino a che non sia pronunziata sentenza definitiva: essi però hanno diritto di essere sentiti per dare schiarimenti al consiglio.

[2]) Caldi: Commentario del codice civile. Bd. 4 S. 387.

[3]) Caldi: Commentario del cod. civ. Bd. 4 S. 389.

[4]) Ricci: Corso teoretico-pratico di diritto civile Vol. I, tit. VIII S.624.

des Gesetzes nicht folge, dass die Einreichung dieses Gutachtens der Terminsanberaumung des zu Entmündigenden vorangehen müsse und dass vielmehr der Richter frei die Reihenfolge dieser Handlungen bestimmen könne. Andere dagegen,[1]) und zwar meines Erachtens mit Recht, nehmen aus der Fassung des Gesetzes an, dass die Einholung einer gutachtlichen Aeusserung des Familien- oder Vormundschaftsrathes der Terminsanberaumung vorhergehen müsse, so dass das Gericht, falls der Familienrath sich gegen die Nothwendigkeit der Entmündigung ausspricht, auch ohne Weiteres den Antrag auf Entmündigung ablehnen könne.

Dass die im Artikel 837 des Codice della procedura civile erwähnten „deliberazioni" mit dem im Artikel 327 des Codice civile geforderten „parere" identisch sind, unterliegt keinem Bedenken, da der bestimmte Ausdruck des Codice civile zur Erklärung der weniger bestimmten Fassung des Codice della procedura civile herangezogen werden muss.

In der Regel wird das Gutachten, selbst wenn es gegen die Nothwendigkeit der Entmündigung sich richten sollte, den Richter nach den Ansichten der Praxis, nicht davon entbinden, Termin zur Abhörung des zu Entmündigenden anzuberaumen.

Es wird deshalb, wie schon aus der Bestimmung hervorgeht, dass die Erwägungen des Familienraths dem Antrag auf Entmündigung angeschlossen werden sollen, Abschrift dieser Erwägungen mit dem Antrag und der Terminsbestimmung dem Provokaten mitzutheilen sein und werden diese Erwägungen eventuell im Prozess ebenfalls durch Rechtsmittel angefochten werden können.

Dass die Unterlassung der Mittheilung des Gutachtens eine Nichtigkeit des Verfahrens herbeiführt, ist im Gesetz nicht ausgesprochen. Aus einer solchen Unterlassung kann, wenn der zu Entmündigende erscheint und sich zu vertheidigen im Stande ist, mit Rücksicht auf die Prozessgrundsätze[2]) nur folgen, dass derselbe jede Antwort und jede Einlassung auf

---

[1]) Caldi: l. c. S. 389.
[2]) Ricci: Corso teoretico-pratico S. 624, 625.

den Prozess mit Recht ablehnt; andernfalls aber bleibt auch die an sich unbedingt nothwendige Zustellung des Antrags und der Terminsbestimmung ohne Erfolg.

Die Verfügung des Präsidenten, durch welche der Termin zur Befragung des zu Entmündigenden anberaumt ist, kann durch eine Beschwerde nicht angefochten werden, da solche nur gegen einen Gerichtsbeschluss zulässig ist.[1]) Wird aber der Beschluss auf Berufung des Familienraths auf Beschwerde aufgehoben, so fällt damit naturgemäss auch die Verfügung, durch welche der Termin zur Abhörung des zu Entmündigenden festgesetzt ist, fort.

Ueber die Art und Weise, in welcher die Befragung des zu Entmündigenden stattfinden soll, hat das Gesetz ausführliche Bestimmungen getroffen. Artikel 838 Codice della procedura civile[2]) bestimmt: „Die Vernehmung findet in nicht öffentlicher Sitzung statt. Kann der Geladene aus gesetzlichen Gründen an dem festgesetzten Tage nicht vor dem Gericht erscheinen, so ordnet der Präsident einen Richter ab, welcher sich unter Zuziehung des Staatsanwalts an den Ort begiebt, wo sich die Person befindet, um sie zu vernehmen.

Ueber die Vernehmung wird ein Protokoll aufgenommen, welches enthalten muss:

1. Angabe des Jahres, Monats, Tages und Ortes,

---

[1]) Caldi: Commentario del Codice civile. Bd. 4. S. 392.

[2]) Art. 883 cod. d. proc. civ: L'interrogatorio ha luogo in camera di consiglio. Se per impedimento legittimo il convenuto non possa presentarsi davanti il tribunale nel giorno stabilito, il presidente delega un giudice il quale si trasferisce con intervento del ministero pubblico nel luogo in cui la persona si trova, per interrogarla.

Si fa processo verbale dell'interrogatorio che deve contenere:

1. l'indicazione dell'anno, del mese, giorno e luogo,
2. il nome e cognome, il domicilio o la residenza delle parti,
3. la data del decreto che stabili il giorno dell'interrogatorio e la data della notificazione fatta a norma dell' articolo precedente,
4. se sia stato un giudice la data del decreto di delegazione,
5. le interrogazioni fatte e le risposte date,

il processo verbale è sottoscritto del convenuto, del ministero pubblico, del presidente e giudice delegato e del cancelliere.

2. Namen, Vornamen, Wohnsitz oder Aufenthaltsort der Parteien,
3. Datum der Verfügung, durch welche der Terminstag anberaumt ist, und das Datum der nach den im vorstehenden Artikel festgesetzten Vorschriften geschehenen Bekanntmachung,
4. wenn ein Richter beauftragt ist, das Datum der Beauftragung,
5. die gestellten Fragen und gegebenen Antworten.

Das Protokoll ist vom Provokaten, dem Staatsanwalt,[1]) dem Präsidenten oder beauftragten Richter und vom Gerichtsschreiber zu unterschreiben."

Nach den gesetzlichen Bestimmungen kann also ohne Vernehmung des zu Entmündigenden nicht die Entmündigung ausgesprochen werden. Die Vernehmung ist ein unerlässlicher Bestandtheil des Verfahrens. Der zu Entmündigende soll hierbei vor dem Gerichtshof erscheinen und nur in Fällen, dass sein Geistes- oder Gesundheitszustand dies nicht gestattet, soll die Vernehmung durch einen beauftragten Richter erfolgen. Das Gesetz enthält kein Verbot einer Wiederholung der Befragung und kann deshalb unbedenklich solche öfter stattfinden, doch muss das Protokoll stets die gestellten Fragen und die Antworten enthalten.

Der Zweck der Vernehmung ist nicht eigentlich, von dem zu Entmündigenden Antworten zu erhalten,[2]) sondern vielmehr festzustellen, ob der Befragte im Stande ist, zu antworten. In manchen Fällen werden die Anzeichen der Geisteskrankheit unbestritten sein. Zeigen sich dieselben auf den ersten Blick, so ist die Sache entschieden, doch ist die Vernehmung oder wenigstens der Versuch derselben nothwendig, darüber lässt der Wortlaut des Codice della procedura keinen Zweifel.

Der Gesetzgeber geht davon aus, dass die Entmündigung nur mit grosser Vorsicht auszusprechen sei, da sie eine

---

[1]) cfr. Daudé — Entmündigung S. 43, 54, 55.
[2]) Caldi: Comment. d. cod. proced. civ. S. 848 ff.

wesentliche Beschränkung der persönlichen Freiheit enthalte, und hat deshalb dem Richter hinsichtlich der Mittel, sich von der Nothwendigkeit der Entmündigung zu überzeugen die grösste Freiheit gegeben und deshalb weder die Wiederholung der Vernehmung verboten, noch die Zuziehung von Sachverständigen direkt geboten. Die Wiederholung der Vernehmung kann nothwendig werden, da manche Geisteskrankheiten nicht auf den ersten Blick erkennbar sind, wie z. B. Monomanien. Es kommt in solchen Fällen darauf an, festzustellen, in welcher Beziehung eine geistige Störung stattfindet.

Das Fehlen einer Vorschrift, bei der Vernehmung einen Sachverständigen zuzuziehen, kann als ein Mangel nicht ohne Weiteres erachtet werden, da die diskretionäre Gewalt, die dem Richter gegeben ist, sich die Mittel zur Erlangung einer bestimmten Meinung über den Geisteszustand des zu Entmündigenden zu verschaffen, die Zuziehung eines Sachverständigen jederzeit zulässig erscheinen lässt. Uebrigens ist die Praxis darüber einig, dass es wünschenswerth ist, wenn dem Vernehmungstermine ein Sachverständiger beiwohnt, da der Richter nicht immer in der Lage sein würde, aus eigener Kenntniss den Geisteszustand des zu Entmündigenden richtig zu beurtheilen. Der Sachverständige erscheint zur Aufklärung des Richters erforderlich, doch kann eine Souveränität des Gutachtens nicht wohl anerkannt werden und erscheint deshalb die Vernehmung des zu Entmündigenden durch das Gericht selbst unumgänglich nothwendig.

Dass der Antragsteller — der stets ein Verwandter ist — der Vernehmung beiwohnen kann, ist durch das Gesetz nicht verboten. Es erscheint dies auch aus dem Grunde zulässig, weil das ganze Verfahren wesentlich im Interesse der Person geschieht, deren persönliche Freiheit oder Verfügungsfreiheit über das Vermögen ihr selbst oder der Familie Gefahr droht.

Uebrigens bietet auch die vorgeschriebene Gegenwart des Staatsanwalts bei der Vernehmung des zu Entmündigenden eine weitere werthvolle Garantie für die Wahrung der Interessen desselben.

Für den Fall, dass ein Erscheinen des zu Entmündigenden nicht stattfinden kann oder von demselben verweigert wird, bestimmt Art. 839 l. c.[1]) folgendes:

„Wenn der Provokat nicht an dem zur Vernehmung bestimmten Tage erscheint oder sich weigert, zu antworten, trifft das Gericht die ihm nützlich erscheinenden Anordnungen. Das Gericht kann in jedem Fall einen einstweiligen Pfleger ernennen, damit derselbe sich mit der Pflege der Person und des Vermögens des Provokaten befasse.“

Mit der Verfügung, durch welche die Ladung des zu Entmündigenden zu seiner Abhörung angeordnet wird, hört das Verfahren auf, zur freiwilligen Gerichtsbarkeit zu gehören[2]) und tritt in das Gebiet der streitigen, für welches im Allgemeinen die Vorschriften des gewöhnlichen Prozesses maassgebend sind.

Der Art. 843[3]) des Codice della procedura civile bestimmt in dieser Beziehung: „Im Verfahren auf Entmündigung oder Geschäftsunfähigkeitserklärung oder auf Widerruf einer derselben, finden, soweit dieser Titel nicht besondere Bestimmungen getroffen hat, die Vorschriften des formellen Prozesses statt, ausser, wenn mit Rücksicht auf die Dringlichkeit das summarische Verfahren angezeigt erscheint.

Jedenfalls kann kein Urtheil verkündet werden, ohne dass zuvor die Staatsanwaltschaft gehört ist.“

---

[1]) Art. 839. Quando il convenuto non comparisse nel giorno stabilito per l'interrogatorio o ricusi di rispondere, il tribunale dà i provvedimenti opportuni. Il tribunale può in ogni caso nominare un curatore temporaneo affinchè prende cura della persona o dei beni del convenuto (cfr. R.-Civilprozessordnung § 589. [3]. — Daudé: Entmündigung S. 44).

[2]) Ricci: Corso teoretico-pratico S. 624, 225.

[3]) Art. 843 l. c. Nel giudicio d'interdizione o d'inabilitazione o di revoca dell'una o dell'altra, in quanto non sia regolato da questo titolo, si osservano le norme del procedimento formale salvo che per razioni d'urgenza sia autorizzato il procedimento sommario.

Non può essere pronunziato sentenza se non sentito il ministero pubblico.

Deshalb kann auch der einstweilige Pfleger nicht durch blosse Verfügung, sondern nur durch ein Urtheil bestellt werden, welches im Beschwerdewege anfechtbar ist.

Die Thätigkeit des einstweiligen Pflegers — bezw. einstweiligen Verwalters — beschränkt sich nur auf die nothwendigen Verwaltungsmaassregeln und die Maassnahmen, welche für die Sicherheit des zu Entmündigenden unerlässlich erscheinen. Andere Maassregeln z. B. die Unterbringung des zu Entmündigenden in eine Anstalt, setzen die Zustimmung des Gerichts voraus.[1])

Nach der Vernehmung des zu Entmündigenden kann das Gericht das Urtheil fällen oder noch weitere Beweisaufnahmen, insbesondere durch Zeugenvernehmungen beschliessen. In letzterem Falle braucht der Provokat bei den Vernehmungen nicht anwesend zu sein. Der Art. 840 des Codice della procedura civile[2]) bestimmt vielmehr ausdrücklich: „Wenn das Gericht den Zeugenbeweis zulässt, kann es anordnen, dass die Vernehmung der Zeugen ohne die Gegenwart des Provokaten stattfindet. In solchem Falle muss der Zeugenvernehmung der Staatsanwalt beiwohnen und können der Bevollmächtigte oder Sachwalter des Provokaten oder ihm bereits bestellte Pfleger dabei zugegen sein.“

Diese Bestimmung erscheint nothwendig; weil es häufig vorkommen kann, dass die Zeugen über Punkte vernommen werden müssen, welche sich auf den Provokaten selbst oder auf häusliche Angelegenheiten beziehen, und deren Aufklärung erfolgen muss, um mancherlei verborgene Einflüsse klarzulegen, durch welche äussere Thatsachen sich erklären lassen, und weil anzunehmen ist, dass die Zeugen sich freier äussern werden, wenn der Provokat nicht zugegen ist.

Das Verfahren findet seinen Abschluss durch ein nach

---

[1]) Caldi: Comm. cod. civ. S. 393 ff.

[2]) Art. 840 l. c. Il tribunale nell'ammettere la prova testimoniale può ordinare che l'esame dei testimoni si faccia senza la presenza del convenuto. In questo caso deve intervenire all'esame il ministero pubblico e vi può assistere il procuratore o l'avvocato del convenuto ed il curatore che gli sia stato nominato.

Anhörung der Staatsanwaltschaft zu erlassendes[1]) Urtheil, welches aber keineswegs stets die Entmündigung aussprechen muss, sondern auch nur auf Geschäftsunfähigkeit lauten kann.

Aus dem Charakter des Verfahrens als eines streitigen folgt, dass dem Provokaten auch alle Prozesseinwände zustehen müssen und dass das Gericht, wenn der zu Entmündigende sie geltend macht, sich auf dieselben einlassen und über dieselben im ordentlichen Prozesswege entscheiden muss.

Das Urtheil selbst ist durch die Berufung anfechtbar, wie der Artikel 841 des Codice della procedura civile bestimmt, welcher lautet:[2]) „Die Berufung gegen das Urtheil des Landgerichts kann von Jedem eingelegt werden, welcher ein Recht hatte, die Entmündigung oder Geschäftsunfähigkeitserklärung zu beantragen und muss gegen die Person gerichtet werden, bezüglich welcher der Antrag auf Entmündigung oder Geschäftsunfähigkeitserklärung eingebracht war.

In dem im Absatz des Art. 839 l. c. vorgesehenen Falle wird die Berufung auch dem Pfleger mitgetheilt. Der zu Entmündigende kann auch ohne Beistand des Pflegers Berufung einlegen.“

Aus dieser Bestimmung ergiebt sich, dass das Urtheil auch von solchen Personen, die in der ersten Instanz nicht als Antragsteller aufgetreten sind, mit dei Berufung angefochten werden kann. War der Staatsanwalt Provokant, so muss die Berufung von der Ober-Staatsanwaltschaft eingelegt werden, weil diese allein sie bei dem Berufungsgericht vertreten kann.

Die Berufung, die auch gegen alle Zwischenurtheile zu-

---

[1]) Art. 841 C. d. pr. c. capoverso: Non può essere pronunziata sentenza se non sentito il ministero pubblico.

[2]) Art. 843 l. c. L'appello dalla sentenza del tribunale può essere proposto da chiunque aveva diritto di promuovere l'interdizione o l'inabilitazione e deve essere diretto contro la persona di cui fu chiesta l'interdizione o l'inabilitazione. Nel caso del articolo 839 l'appello è notificato anche al curatore. Il convenuto può appellare anche senza l'assistenza del curatore (cfr. R.-Civilprozessord. § 604—615).

lässig ist, hat aufschiebende Wirkung, doch kann während der Berufungsinstanz eine einstweilige Pflegschaft eingerichtet werden.

Da das Gesetz es für zulässig erklärt, dass der Entmündigte selbständig Berufung einlegt, so nimmt die Praxis auch an, dass es demselben auch freistehen müsse, sich bei dem Urtheil zu beruhigen.

Mit dem Urtheil der 2. Instanz wird das Urtheil vollstreckbar, da die Nichtigkeitsbeschwerde die Vollstreckbarkeit des angefochtenen Urtheils nicht hindert und für das Entmündigungsverfahren keine gesetzliche Ausnahme gemacht ist.[1])

Weil dem Entmündigten das Recht zusteht, selbständig Berufung einzulegen, will ihm die Wissenschaft auch das Recht selbständiger Einlegung der Nichtigkeitsbeschwerde nicht verschränkt wissen und wird in dieser Ansicht durch die Praxis der Gerichte unterstützt.[2])

Ein Contumacial- und Einspruchs-Verfahren kennt das italienische Gesetz beim Entmündigungsprozess nicht, wie sich daraus ergiebt, dass dieselben nicht dabei erwähnt sind. Aus den Bestimmungen des Art. 839 l. c. ist auch zu folgern, dass bei nicht entschuldigtem Ausbleiben des Provokaten ebenso verfahren wird, wie bei entschuldigtem und ein besonderes Contumacial-Verfahren daher nicht stattzufinden braucht. Das Einspruchsverfahren aber passt nicht in den schnellen Gang des Entmündigungsverfahrens.

Wenn das ergangene Urtheil auf Entmündigung die Rechtskraft erlangt hat, tritt seine Wirkung ein. Dies ist in Art. 328 des Codice civile ausgesprochen: „Die Entmündigung tritt mit dem Tage des Urtheils in Kraft.“ [3]) Die Wirkung richtet sich sofort gegen den Entmündigten und gegen Dritte,

---

[1]) Art. 120 cod. d. pr. c.: ricorso per la cassazione non sospende l'execuzione della sentenza.

[2]) Paoli: Dell' Instituto della Interdizione secundo il codice civile italiano. S. 204. Urtel des Cassationshofes in Rom vom 17. 7. 78. (Annali della giurisprudenza italiana XIII. 1. 1. 115.)

[3]) Art. 328 codice civile: L'interdizione produce il suo effetto del giorno della sentenza. — cfr. R.-Civilprocessordnung § 603.

ohne dass es einer besonderen Bekanntmachung bedarf. Bei der Berathung des Civilgesetzbuches war allerdings der Antrag gestellt worden, dass die Wirksamkeit des Entmündigungs-Urtheils von der Publikation abhängig gemacht werden solle. Dieser Antrag ist aber von der Commissione coordinatrice in den Sitzungen vom 4. und 18. Mai 1865 abgelehnt und nur anerkannt worden, dass es sich empfehle, die Entmündigung in gewisser bestimmter Weise bekannt zu machen.[1])

Diese Erwägung ist der Commissione del codice della procedura übermittelt worden, und beruht auf Beschluss dieser letzteren die Bestimmung des Art. 844 des Codice della procedura civile.[2]) Dieselbe lautet: „Die Urtheile, welche die Entmündigung oder Geschäftsunfähigkeitserklärung oder deren Aufhebung aussprechen, werden, nachdem sie die Rechtskraft erlangt haben, durch Vermittelung der Staatsanwaltschaft im Auszuge an die Gerichtsschreibereien aller Civilgerichte übermittelt, um in dem Wartesaal für das Publikum angeschlagen zu werden, nachdem eine Abschrift zu dem angelegten Register erfolgt ist, welches von jedem, der den Antrag stellt, eingesehen werden kann.

Das Ganze gemäss den im Regulativ aufgestellten Vorschriften."

Die näheren Vorschriften über die Art der Bekanntmachung giebt das Regolamento generale giudiziario vom 14. Dezember 1865. Hiernach hat in dem im Art. 844 l. c. vorgesehenen Falle der Gerichtsschreiber des Gerichts, welches eine rechtskräftige Entscheidung über Entmündigung oder Geschäftsunfähigkeitserklärung erlassen hat, den Anschlag und

---

[1]) Buniva: Del Diritto delle persone secundo il codice civile del Regno d'Italia, Bd. II. S. 325.

[2]) Art. 844 cod. d. pr. c.: Le sentenze che pronunziano l'interdizione o l'inabilitazione o la revoca dell'una o dell'altra passate in giudicato, si transmettono per estratto a cura del ministero pubblico alle cancellerie di tutti i tribunali civili per essere affisse nella sala pubblica d'aspetto, pressa trascriptione in registro apposito, che può essere esaminato da chiunque ne faccia domanda: il tutto nei modi stabiliti del regolamento.

die Uebertragung des Auszuges in das in jenem Artikel vorgeschriebene Register zu veranlassen. Demnächst stellt er der Staatsanwaltschaft bei dem Landgericht so viele Abschriften zu, als andere von demselben Appellgericht abhängige Gerichte vorhanden sind, und ausserdem noch ein Exemplar. Der Staatsanwalt sendet je eine Abschrift an die übrigen Staatsanwälte desselben Appellationsgerichtsbezirks und eine an den ihm vorgesetzten Ober-Staatsanwalt. Dieser lässt die für die übrigen Ober-Staatsanwälte des Reichs erforderliche Anzahl von Abschriften fertigen und übersendet sie diesen, welche ihrerseits die ihnen unterstellten Staatsanwälte mit Abschriften versehen.

Handelt es sich um ein Urtheil zweiter Instanz, so sendet der Gerichtsschreiber dieses Gerichts so viele Abschriften an den Ober-Staatsanwalt bei demselben, als Ober-Staatsanwälte im Königreich vorhanden sind, und diese übernehmen alsdann die weitere Mittheilung an die ihnen unterstellten Staatsanwälte.

Was das im Artikel 844 l. c. und dem Regolamento erwähnte Register anlangt, so bestimmt über deren Einrichtung und Führung der Codice civile im 9. Titel Artikel 343—349 Folgendes. Bei jedem Amtsgericht ist ein Register über die Vormundschaften über Minderjährige und Entmündigte sowie ein anderes über die Pflegschaften für Emanzipirte und Geschäftsunfähigerklärte zu führen. Vormünder und Pfleger müssen innerhalb 14 Tagen seit der Uebernahme einer Vormundschaft oder Pflegschaft für deren Eintragung Sorge tragen, und haben die Mitglieder des Familienrathes darüber zu wachen, dass die Eintragung erfolgt. Dieselbe kann auch von Amtswegen veranlasst werden. Die gesetzliche Vormundschaft der Eltern über anerkannte aussereheliche Kinder unterliegt nicht der Eintragung.

Für jede Vormundschaft oder Pflegschaft enthält das Register einen besonderen Abschnitt. Derselbe muss enthalten:

1. Namen, Vornamen, Alter und Wohnsitz des Bevormundeten oder Pfleglings;
2. Namen, Vornamen, Stand und Wohnsitz des Vormundes, Nebenvormundes, Pflegers und der Mitglieder des Familienrathes;

3. den gesetzlichen Grund, auf welchem die Vormundschaft, Nebenvormundschaft und Pflegschaft beruht und das Urtheil, welches die Entmündigung aussprach, bezw. das Datum des Urtheils, welches die Geschäftsunfähigkeitserklärung aussprach, bezw. das Datum der Emanzipation.

   Hinsichtlich der Emanzipirten müssen auch die persönlichen Verhältnisse des Vaters oder der Mitglieder des Familienrathes angegeben sein, welche die Emanzipation ausgesprochen haben;

4. den Tag, an welchem die Vormundschaft beginnt, Datum des Inventars, der Versammlung des Familienraths und den Gegenstand der gefassten Beschlüsse.

In dem Register über die Vormundschaft muss auch eine Inhaltsangabe der jährlichen Berichte des Vormundes über die Vermögensverwaltung und deren Ergebnisse enthalten sein.

Bei einer Verlegung des Sitzes der Vormundschaft in einen anderen Gerichtsbezirk muss der Vormund hiervon zu dem bisherigen Register Mittheilung machen und für die Eintragung in das Register des neuen Wohnsitzes sorgen. Die Führung der Register überwacht der Amtsrichter und berichtet am Jahresschluss an die Staatsanwaltschaft über die Vorkehrungen, die er zur Ausführung der Gesetze getroffen hat, die Register sind stempelfrei und die Eintragungen gebührenfrei.

Wie bereits hervorgehoben, sind aber die Publikation und Eintragung in die Register, so nützlich sie auch für die Zwecke der Entmündigung oder Geschäftsunfähigkeitserklärung gegenüber dritten Personen sind, doch nur nebensächliche Akte — atti accessorii —, deren Mangel die Wirkungen des Urtheils nicht verzögern können.

4. Wirkungen des Entmündigungsurtheils.

Hinsichtlich der Wirkungen des Entmündigungsurtheils bestimmt der Codice civile im Art. 329:[1]) „der Entmündigte ist

---

[1]) Art. 329 codice civile: L'interdetto è in istato di tutela. Le disposizione relative alla tutela dei minori sono communi alla tutela degli interdetti.

als unter Vormundschaft stehend zu erachten und finden die Vorschriften betreffend die Vormundschaft über Minderjährige Anwendung auf Entmündigte".

Diese allgemeine Bestimmung erleidet aber insofern eine Ausnahme,[1]) als dies der abweichende Zweck der Vormundschaft über Entmündigte bedingt. Während die Verwaltung des Vermögens des Minderjährigen durch den Vormund wesentlich den Zweck verfolgt, dessen Vermögen für die Zukunft zu erhalten und zu verbessern, hat die Verwaltung des Vermögens des Entmündigten den weiteren Zweck, demselben alle möglichen Erleichterungen zu verschaffen, und darf daher keine Ausgaben zur Beschaffung von Mitteln scheuen, welche zu seiner Heilung beitragen können.

Hieraus erklärt sich die Bestimmung des italienischen Rechts, dass der Vormund nicht zum Verkauf der beweglichen Habe, wie beim Minderjährigen, verpflichtet ist, wie Art. 332[2]) Codice civile bestimmt, welcher lautet: „der Vormund des Entmündigten ist nicht gehalten, die Möbel, welche für die Ausstattung der Wohnung der Familie dienen, verkaufen zu lassen".

Diese Bestimmung bezweckt augenscheinlich, den Entmündigten möglichst in seiner gewohnten Umgebung zu lassen und unnöthige Aufregung durch deren Veränderung zu vermeiden.

Der Entmündigte steht demnach ebenso wie der Minderjährige unter Vormundschaft, und ist vom Gesetz in eingehender Weise bestimmt, wem die Führung der Vormundschaft obliegt.

Art. 330 Codice civile[3]) lautet: „Der grossjährige Ehegatte,

---

[1]) Caldi: Commentario del codice civile, Band 4 S. 409 ff. (cfr. Bürgerliches Gesetzbuch § 1901, wo dieser Gedanke zum Ausdruck gebracht ist).

[2]) Art. 332 l. c.: Il tutore del interdetto non sarà tenuto a far vendere i mobili che servono all' abitazione della famiglia.

[3]) Art. 330 l. c.: Il coniuge maggiore di età e non separato legalmente è tutore di diritto del' altro coniuge interdetto per infermità di mente.

È parimente tutore di diritto, dopo il coniuge il padre del' welcher nicht gesetzlich getrennt ist, ist gesetzlicher Vormund des anderen Gatten, welcher wegen Geisteskrankheit entmündigt ist.

Nächst dem Gatten ist der Vater und, wenn dieser fehlt, die Mutter des Entmündigten gesetzlicher Vormund.

Fehlt die Vormundschaft des Gatten oder des Vaters bezw. der Mutter, so wird der Vormund von dem Familien- bezw. Vormundschafts-Rath ernannt, falls nicht derjenige der Eltern, welcher den anderen überlebt hat, den Fall der Entmündigung des Kindes voraussehend, demselben durch Testament oder notariellen Akt einen Vormund ernannt hat."

Der Vormund des Entmündigten hat die gleichen Rechte und Pflichten wie der des Minderjährigen, und steht ihm ebenfalls der Familien- bezw. Vormundschafts-Rath zur Seite.

Mit Rücksicht darauf aber, dass die Vormundschaft über Entmündigte sehr beschwerlich sein kann, bestimmt der Art. 333[1]) des Codice civile: „Niemand, ausser der Gatte, die Ascendenten und Descendenten, kann genöthigt werden, die Vormundschaft über einen Entmündigten länger als zehn Jahre zu führen."

Im Einzelnen ist nun noch Folgendes zu bemerken. Die Bestimmung, dass auch die Ehefrau zum gesetzlichen Vormund berufen ist, stellt eine Abweichung vom französischen Recht dar, in welchem dies nicht zulässig ist. Zwischen der Vormundschaft, welche der Ehemann ausübt und derjenigen, welche von der Ehefrau geführt wird, besteht nur der Unterschied, dass im ersteren Falle der Familienrath die Geschäftsführung des Ehemannes nur beaufsichtigt, während derselbe im andern Falle die Geschäftsführung der Ehefrau auch regelt,

interdetto e, in mancanza del padre la madre. Mancando la tutela del coniuge, del padre o della madre, il tutore è nominato del consiglio di famiglia o della tutela, salvo chè il genitore che sopravisse, provedendo il caso della interdizione del figlio, glielo abbia designato per testamento o per atto notarile.

[1]) Art. 333 Codice civile: Nessuno, ad eccezione dei coniugi, degli ascendenti e dei discendenti, sarà tenuto di continuare nella tutela dell' interdetto oltre dieci anni.

weil ihr keine „ehemännliche Gewalt“ (autorità maritale) zusteht.[1]) Lebt der Gatte, so kann ein Anderer nur dann Vormund des entmündigten Gatten sein, wenn jener von der Vormundschaft enthoben oder selbst entmündigt ist. Dieser Andere hat alsdann nicht nur das persönliche Vermögen des Mannes, sondern auch dasjenige der Ehefrau zu verwalten, dessen Verwaltung der Ehemann gehabt hat. Ebenso muss er das Vermögen der Kinder, dessen Niessbrauch der Entmündigte hatte, verwalten. Dieser Niessbrauch geht auch mit dem Uebergang der väterlichen Gewalt auf die Mutter über.

Die ehemännliche Gewalt des Mannes kann, wenn ein Anderer als der Ehemann Vormund der Frau ist, zur Vermeidung von Streitigkeiten durch Beschluss des Familienraths ausgeschlossen werden. Das Vermögen der Frau, an welchem der Ehemann Niessbrauch hat, bleibt aber in seiner Hand,[2]) dem Vormund steht nur die Verwaltung des vorbehaltenen Vermögens zu, und kann er mit Genehmigung des Familienraths alle der Frau gegen den Ehemann zustehenden Klagen — z. B. auf Alimente — gegen diesen erheben.

Durch die Anordnung der gesetzlichen Vormundschaft hat der Gesetzgeber die Einheit der Familie aufrecht erhalten wollen. Doch schliesst der Umstand, dass Jemand nicht kraft Gesetzes zum Vormund berufen sein würde, seine Berufung durch den Familienrath aus Familien- oder Zweckmässigkeitsrücksichten nicht aus.[3]) Die gesetzlichen Vormünder können zwar die Uebernahme der Vormundschaft aus den gesetzlichen Gründen[4]) ablehnen, dieselbe aber dann später nicht wieder übernehmen.

Wie der Vormund über einen Minderjährigen jährliche

---

[1]) Caldi: Commentario del Codice civile, Bd. 4 S. 409, 410.

[2]) Ricci: Corso teoretico-pratico di diritto civile, Bd. 1 S. 606.

[3]) Ricci l. c. S. 606.

[4]) Nach Art. 273 Codice civile sind zur Ablehnung berechtigt: Frauen, welche Vormünderinnen sein können; Personen, welche das 65. Lebensjahr vollendet haben; Personen, welche an schwerer und andauernder Krankheit leiden, Väter, welche 5 lebende Kinder haben

Berichte über die Vermögenslage zu erstatten hat, so liegt dies auch dem Vormund über einen Entmündigten ob, jedoch bestimmt Art. 331[1]) des Codice civile: „Wenn die Vormundschaft vom Gatten, dem Vater oder der Mutter geführt wird, so kann der Familienrath oder Vormundschaftsrath den Vormund von der Einreichung der im Art. 303 des Codice civile erwähnten Vermögensübersichten entbinden".

Dem Familienrath sind überhaupt bei der Vormundschaft über Entmündigte weitgehende Rechte eingeräumt, so bestimmt Art. 334[2]) des Codice civile: „Die Mitgift und andere auf die Eheschliessung der Kinder eines Entmündigten bezüglichen Abmachungen werden vom Familienrath oder Vormundschaftsrath geordnet."

Diese Bestimmung bezieht sich nach der Ansicht einiger Rechtslehrer nur auf Minderjährige bezüglich der Vortheile aus der Ehe.[3]) Die Regelung zwischen den Gatten erfolgt in diesem Falle durch den eigenen Familienrath des Minderjährigen, falls nicht der andere Theil der Eltern oder Ascendenten vorhanden sind, die Regelung zwischen dem minderjährigen

---

(Söhne, die im Heer- oder Flottendienst gestorben sind, werden mitgerechnet); Personen, die schon eine Vormundschaft führen; aktive Militairs, Personen, die im Staatsdienst sich ausserhalb des Landes, oder in öffentlicher Anstellung sich ausserhalb des Gerichtssprengels aufhalten, in dem die Vormundschaft bestellt wird.

[1]) Art. 331 Codice civ.: Quando la tutela sia esercitata dal coniuge, dal padre o dalla madre, il consiglio di famiglia o di tutela potrà dispensare il tutore dal obligo di presentare gli stati annuali menzionati nel articolo 303.

Art. 303. l. c.: Il tutore ad eccezione del avo paterno e materno dovrà ogni anni presentare gli stati della sua amministratione al consiglio di famiglia il quale prima di deliberare li farà esaminare da uno dei suoi membri. „Der Vormund, ausgenommen der Grossvater väterlicher oder mütterlicher Seits, muss alljährlich dem Familienrath eine Uebersicht seiner Verwaltung einreichen, welche der Familienrath, ehe er darüber Beschluss fasst, durch eins seiner Mitglieder prüfen lässt."

[2]) Art. 334 Cod. civ.: La dote e le altre convenzioni matrimoniali dei figli di un interdetto saranno regolate dal consiglio di famiglia o di tutela.

[3]) Caldi: Commentario del cod. civ., Bd. 4 S. 413.

und dem entmündigten Theil der Eltern durch den Familienrath des letzteren.

Nach dem Wortlaut des Art. 334 kann sich diese Vorschrift nicht auf Kindeskinder erstrecken, da entweder deren Eltern noch leben werden, und alsdann stehen die Enkel nicht unter Vormundschaft, bedürfen also keines Familienrathes; oder aber, falls sie bevormundet sind, haben sie ihren eigenen Familienrath, der für sie sorgt.

Andere Rechtslehrer[1]) vertreten dagegen die Ansicht, dass es bei Eingehung der Ehe seitens eines minderjährigen Kindes eines Entmündigten nur der Thätigkeit eines Familienrathes und zwar der des Familienrathes des entmündigten Vaters bedürfe. Diese Ansicht stützt sich darauf, dass das Kind immerhin noch unter „väterlicher Gewalt" stehe, wenn dieselbe auch ruhe, und deshalb keiner Vormundschaft, sondern allenfalls nur eines Pflegers bedürfe. Durch die Thätigkeit zweier Familienräthe könne auch, wenn dieselben uneinig wären, das Interesse der Minderjährigen gefährdet werden. Wenn daher der Art. 65 des Codice civile[2]) im Falle, dass weder Eltern noch Grosseltern vorhanden sind oder die Möglichkeit der Willensäusserung besitzen, bestimmt, dass die Minderjährigen nur mit Zustimmung des Familienrathes eine Ehe eingehen können, so müsse darunter im Falle, dass der Vater entmündigt und dadurch an der Willenserklärung gehindert sei, der Familenrath des Vaters verstanden werden.

Diese Ansicht dürfte den Vorzug verdienen, da der angeführte Grund, dass durch die Thätigkeit nur eines Familienraths das Interesse der Minderjährigen besser gewahrt wird, zutreffend erscheint.

Da die Entmündigung durch die Stellung des Entmündigten unter Vormundschaft dem davon Betroffenen die Fähigkeit abspricht, selbständig gültige Rechtsgeschäfte vor-

[1]) Ricci: Corso teoretico-pratico di diritto civile, Bd. 1 S. 628.

[2]) Artic. 65 Cod. civil.: Se non esistono genitori, ni addottanti ni avi ni avole o se niuno di essi è nella possibilità di manifestare la propria volontà i minori degli anni ventuno non possono contrarre matrimonio senza il consenso di consiglio di famiglia.

zunehmen, so bewirkt sie eine Veränderung bezw. Verminderung der staatsbürgerlichen Rechte desselben. Diese Rechte liegen auf dem Gebiet des öffentlichen Rechts und sind deshalb nicht der Willkühr des Einzelnen unterworfen. Aus diesem Grundsatz ergiebt sich, dass Niemand gegen sich selbst die Entmündigung beantragan kann.

Andererseits aber hat die Absprechung der Fähigkeit zur rechtsgültigen Vornahme von Rechtsgeschäften für den Entmündigten auch civilrechtliche Folgen dritten Personen gegenüber.

Hinsichtlich dieser Folgen bestimmen die Art. 335, 336, 337 des Codice civile, was folgt:

Art. 335:[1]) „Diejenigen Rechtsgeschäfte, welche der Entmündigte vorgenommen hat, nachdem die Entmündigung ausgesprochen ist, oder auch schon nach Ernennung eines einstweiligen Verwalters, sind gesetzlich nichtig.

Die Nichtigkeit kann nur vom Vormund, dem Entmündigten, seinen Erben oder Rechtsnachfolgern eingewendet werden.

Art. 336:[2]) Die Rechtsgeschäfte, welche vor der Entmündigung vorgenommen sind, können für nichtig erklärt werden, wenn die Veranlassung zur Entmündigung zu der Zeit bestanden hat, in welcher die Rechtsgeschäfte vorgenommen sind, und stets dann, wenn aus dem Inhalt des Geschäfts oder dem schweren Nachtheil, der aus demselben entstanden ist oder dem Entmündigten erwachsen könnte, oder sonstwie die Schlechtgläubigkeit dessen, der mit dem Entmündigten verhandelt hat, erhellt.

---

[1]) Artic. 335 Cod. civ.: Gli atti fatti d'all' interdetto dopo la sentenza d'interdizione, od anche dopo la nomina dell'amministratore provisionale sono nulli di diritto.

[2]) Artic. 336: Gli atti anteriori alla interdizione possono essere annullati, se la causa d'interdizione sussisteva al tempo in cui avevano luogo gli atti medesimi, e semprechè o per la qualità del contratto, o per il grave pregiudizio che ne sia derivato o ne possa derivare all' interdetto, od altrimenti risulti la mala fede di chi contrattò col medesimo.

Art. 337:[1]) Nach dem Tode einer Person können deren Rechtsgeschäfte nicht wegen Geisteskrankheit angefochten werden, wenn nicht der Antrag auf Entmündigung vor dem Tode gestellt war oder der Beweis der Geisteskrankheit aus dem Rechtsgeschäft, welches angefochten werden soll, sich ergiebt."

Die Bestimmung des Art. 355 folgt naturgemäss[2]) aus dem Charakter der Entmündigung, welcher sich als eine Veränderung der staatsbürgerlichen Rechte des Entmündigten darstellt, indem sie ihn für unfähig erklärt, einen selbständigen Willen zu haben und zu äussern. Diese Wirkung tritt, wie oben erörtert, mit dem Augenblick der Verkündung des rechtskräftigen Urtels ein und sind deshalb alle nach dieser vorgenommenen Rechtsgeschäfte des Entmündigten gesetzlich nichtig. Der Gesetzgeber hat aber geglaubt auch das Interesse derjenigen Personen, welche mit dem Emtmündigten verhandelt haben, schützen zu sollen und hat deshalb nicht bestimmt, dass die Nichtigkeit der fraglichen Rechtsgeschäfte eine absolute sein solle, sondern nur die relative Nichtigkeit derselben ausgesprochen, wie daraus erhellt, dass die Nichtigkeit nur dann eintreten soll, wenn sie von den Berechtigten eingewendet wird.

Dieser Auffassung widerspricht die Fassung des Absatz 1 des Art. 335 keineswegs, da dieser offenbar nur eine praesumptio juris et de jure aufstellt, gegen welche ein Gegenbeweis nicht zulässig ist.

Im Gegensatz hierzu[3]) muss derjenige, welcher ein Rechtsgeschäft einer Person, welche bei dessen Abschluss noch nicht entmündigt war, anfechten will, die Geschäftsunfähigkeit dieser Person zur Zeit des Vertragsabschlusses nachweisen. In diesem Falle steht die Nichtigkeitserklärung

---

[1]) Artic. 337: Dopo la morte di un individuo, gli atti da esso fatti non potrano essere impugnati per infermità di mente, se non quando o siasi promossa l'interdizione prima della morte di esso, o la prova dell'infermità risulti dall' atto stesso che viene impugnato.

[2]) Caldi: Commentario del codice civile, Bd. 4 S. 416.

[3]) Ricci: Corso teoretico-pratico di diritto civile, Bd. 1 S. 619.

auch im Ermessen des Richters, wie sich aus der Fassung des Art. 336 ergiebt.

Es kann aber nach Ansicht der Rechtslehrer in Fällen, in welchen Jemand, gegen den ein Entmündigungsverfahren schwebt, aus früher vorgenommenen Rechtsgeschäften verurtheilt werden sollte, ausgesprochen werden, dass der Verurtheilte nur gegen Sicherheitsbestellung für Rückgewähr bei etwaig erfolgender Nichtigkeitserklärung zu zahlen hat.

Da der Tag, an welchem die Geisteskrankheit begonnen hat, im Entmündigungsverfahren, nach dem Zweck desselben, nicht festgestellt werden kann, so muss, um die Nichtigkeitsklage bezüglich vorher geschlossener Rechtsgeschäfte wirksam anstellen zu können, stets erst die Rechtskraft des Entmündigungsurtels abgewartet werden.

Darüber, ob Rechtsgeschäfte, welche vor Erlass des Entmündigungsurtels vorgenommen sind, anfechtbar sind, wenn das Entmündigungsurtel später wieder aufgehoben wird, herrscht Streit, doch wird man sich aus allgemeinen Gründen dafür entscheiden müssen, dass dieselben angefochten werden können, da nicht ausgeschlossen ist, dass die Aufhebung der Entmündigung erst auf Grund später eingetretener Besserung erfolgt ist, der Entmündigte zur Zeit des Abschlusses des Rechtsgeschäftes aber thatsächlich geisteskrank gewesen ist.

Die Nichtigkeitsklage kann in diesem Fall innerhalb fünf Jahren nach der Aufhebung der Entmündigung angestellt werden; sonst aber innerhalb fünf Jahren nach dem Erlass des die Entmündigung aussprechenden Urtheils, und wenn es sich um ein Rechtsgeschäft handelt, welches vor ergangenem Entmündigungsurtel vorgenommen ist, oder falls es nicht zur Entmündigung gekommen ist, innerhalb fünf Jahren seit der Vornahme des Rechtsgeschäfts. Diese Verjährung wird durch die Entmündigung unterbrochen und der Rest kommt eventuell den Erben zu Gute.

Mit dem Tode des zu Entmündigenden fällt zwar das Verfahren als solches weg; nicht aber das Recht seiner Rechtsnachfolger, früher abgeschlossene Rechtsgeschäfte ihres

Rechtsvorgängers wegen Geisteskrankheit desselben anzufechten.[1])

In Strafsachen ergangene Entscheidungen über die Zurechnungsfähigkeit einer Person sollen für Nichtigkeitsklage nicht präjudizirend wirken, was sich aus deren Zweck rechtfertigt.[2])

Wegen der mit der Eheschliessung verknüpften civilrechtlichen Folgen verbietet der Art. 66 des Codice civile die Eheschliessung unter wegen Geisteskrankheit Entmündigten ohne Ausnahme,[3]) und aus dem gleichen Grunde wird den Entmündigten im Art. 763 l. c. auch die Testirfähigkeit abgesprochen.[4])

Aus demselben Grunde müssen dieselben, obwohl das Gesetz es nicht ausdrücklich verbietet, auch für unfähig erachtet werden, Kinder anzunehmen oder sich als solche annehmen zu lassen. Dies muss auch, da der Gesetzgeber die sogenannteu „lichten Augenblicke“ nirgends berücksichtigt hat, für alle, nur die persönlichen Rechte des Entmündigten betreffenden Rechtsgeschäfte desselben gelten, selbst wenn er sie in einem „lichten Augenblick“ vorgenommen haben sollte.[5]) Die abweichende Meinung, dass die Anerkennung eines ausserehelichen Kindes, wenn sie vom Entmündigten in einem „lichten Augenblick“ vorgenommen ist, rechtliche Wirkung

[1]) Paoli: dell' Instituto della interdizione S. 229; Caldi: Commentario del codice civile, Bd. 4 S. 428 f.; Ricci: Corso teoretico-pratico, Bd. 1 S. 633; Buniva: del diritto delle persone, Bd. 2 S. 326 f.

Art. 1300 cod. civ.: Le azioni di nullità o di rescissione di un contratto durano cinque anni in tutti i casi. — Art. 1301: Le dette azioni si trasmettono agli eredi, ma essi non possono esercitarli se non entro quel tempo che rimaneva ai loro autori.

[2]) Caldi l. c. S. 419.

[3]) Artic. 61 cod. civ.: Non possono contrarre matrimonio gli interdetti per infermità di mente. Se l'istanza d'interdizione è soltanto promossa si sospenderà la celebrazione del matrimonio finchè l'autorità giudiziaria non abbia definitavamente pronunziato.

[4]) Artic. 763 l. c.: Sono incapaci di testare: gli interdetti per infermità di mente. Quelli che, quantunque non interdetti si provi non essere stati sani di mente nel tempo in cui fecero testamento.

[5]) Paoli: Dell' Instituto della interdizione, S. 222, 223.

haben müsse, weil es sich hier nur um eine von der Moral gebotene That handle und dieselbe nicht direkt verboten sei,[1]) erscheint nicht zutreffend, da der Gesetzgeber, wie gesagt, „lichte Augenblicke“ nicht berücksichtigt hat und diese Annahme eine Inconsequenz enthalten würde.

Da die Geisteskrankheit nicht stets unheilbar ist, so muss dieserhalb auch bei eintretender Heilung die Möglichkeit geboten sein, die als Folge der Geisteskrankheit ausgesprochene Entmündigung wieder zu beseitigen. Dies geschieht durch das im folgenden Abschnitt erörterte Verfahren auf Aufhebung der Entmündigung.

5. Aufhebung der Entmündigung.

Ueber die Aufhebung der Entmündigung bestimmt der Art. 338 des Codice civile:[2]) „Die Entmündigung wird widerrufen auf Antrag der Verwandten, des Gatten und der Staatsanwaltschaft, sobald der Grund, der den Anlass geboten hat, fortgefallen ist. Der Familien- oder Vormundschaftsrath muss darauf achten, ob die Ursachen der Entmündigung fortbestehen.“

Dem Entmündigten selbst hat das Gesetz den Antrag auf Wiederaufhebung der Entmündigung nicht gestattet und zwar, wie die Praxis[3]) meint, aus dem Grunde, weil sonst die Gerichte mit unsubstantiirten Anträgen überlaufen werden würden. Die Wissenschaft dagegen[4]) will dem Entmündigten das Recht gewahrt wissen, die Wiederaufhebung der Entmündigung, selbst ohne Beistand des Vormundes, zu beantragen. Mit Rücksicht auf den Wortlaut des Gesetzes aber und die für die Wahrung der Interessen des Entmündigten

---

[1]) Caldi: Commentario del Codice civile, Bd. 4 S. 419 ff.

[2]) Art. 338 Codice civile: L'interdizione sarà rivocata ad istanza dei parenti, del coniuge o del pubblico ministero quando venga a cessare la causa che vi abbia dato luogo. Il consiglio di famiglia o di tutela dovrà vegliare per ricognoscere se continui la causa dell' interdizione. — cfr. R. Civilprozessordnung § 616 ff.

[3]) Paoli: Dell' Instituto dell' interdizione, S. 231.

[4]) Caldi: Commentario al codice della procedura civile, Bd. 7 S. 853.

gewährten Garantieen erscheint die Ansicht der Praxis vorzuziehen, wenngleich Anträge seitens des Entmündigten eventuell der Staatsanwaltschaft zum Einschreiten Veranlassung bieten können und deshalb jener vom Gericht vorzulegen sein dürften.

Zur Vermeidung der Gefahr, dass eine Wiederaufhebung der Entmündigung bei weggefallenem Grund verzögert oder nicht beantragt wird, ist dem Familienrath und der Staatsanwaltschaft die gesetzliche Pflicht auferlegt, über die Nothwendigkeit der Fortdauer der Entmündigung zu wachen. Liegt kein Familienrathsbeschluss vor, so sind nach der Reihe Verwandte, Gatte und Staatsanwaltschaft berufen, den Antrag auf Wiederaufhebung der Entmündigung anzubringen. Uebrigens liegt auch ein weiterer Schutz für den Entmündigten darin, dass gegen das Urtheil, welches die Wiederaufhebung der Entmündigung ablehnt, sogar auch diejenigen Familienrathsmitglieder Berufung einlegen können, welche sich gegen die Aufhebung ausgesprochen haben.[1])

Ueber das Verfahren bei der Wiederaufhebung der Entmündigung bestimmt der Art. 842 des Codice della procedura civile:[2]) „Wenn der Familien- oder Vormundschaftsrath erkennt, dass die Ursache der Entmündigung oder Geschäftsunfähigkeitserklärung aufgehört hat, erklärt derselbe dies unter

---

[1]) Ricci: Corso teoretico-pratico, Bd. 1 S. 635.

[2]) Artic. 842 cod. d. proc. civ.: Il consiglio della famiglia o di tutela quando ricognosce cessata la causa dell' interdizione o dell' inabilitazione lo dichiara con deliberazione, laquale è trasmessa dal pretore al procuratore del Rè.

Per la rivoca dell' interdizione o dell' inabilitazione si osservano le norme sopra stabilite.

Die Bestimmung des Absatz 1 dieses Artikels beruht auf einem Antrag der Sonderkommission des Senats, welche am Schluss des Art. 338 codice civile die Bestimmung sehen wollte: e quando la ricognosca cessata dovrà dicchiarlo con apposita deliberazione, la quale sarà del pretore trasmessa al procuratore del Rè.

Die Commissione coordinatrice fand diesen Antrag gerechtfertigt und überwies ihn mit Protokollauszug der Commissione della procedura civile. Sitzung vom 4. Mai 1865 (cfr. Buniva: del diritto delle persone, Bd. 2 S. 328.

Angabe der Gründe. Die Erklärung wird vom Amtsrichter der Staatsanwaltschaft übersendet. Für das Wiederaufhebungsverfahren bezüglich der Entmündigung oder Geschäftsunfähigkeitserklärung finden die voraufgeführten Vorschriften Anwendung."

Diese Vorschriften sind die für das Verfahren auf Entmündigung gegebenen.

Alsdann bestimmt der Art. 842 weiter:[1]) „Die Berufung gegen das Urtheil, welches die Entmündigung oder Geschäftsunfähigkeitserklärung aufhebt, kann von Jedem eingelegt werden, der das Recht hatte, die Entmündigung selbst zu beantragen und auch von den Mitgliedern des Familienrathes, welche sich gegen die Wiederaufhebung ausgesprochen haben."

Der Art. 843 l. c.[2]) bestimmt: „Im Verfahren über Entmündigung oder Geschäftsunfähigkeitserklärung, oder die Aufhebung einer von beiden finden, soweit dies nicht im vorliegenden Titel geregelt ist, die Bestimmungen des ordentlichen Verfahrens statt, ausser wenn aus Gründen der Dringlichkeit das summarische Verfahren angezeigt ist. Ohne Anhörung der Staatsanwaltschaft kann ein Urtheil nicht ergehen."

Hiernach ist der Antrag auf Wiederaufhebung der Entmündigung ebenso zu behandeln, wie der Antrag auf Entmündigung selbst, und ist besonders die Vernehmung des Entmündigten ein nothwendiger Bestandtheil des Verfahrens.[3]) Zuständig ist das Gericht, in dessen Sprengel die Vormund-

---

[1]) Artic. 842 l. c.: L'appello dalla sentenza che revoca l'interdizione o l'inabilitazione può essere proposto da chiunque aveva diritto di promuovere l'interdizione o l'inabilitazione; e anche dai membri del consiglio che abbiano espresso aviso contrario alla rivoca.

[2]) Art. 843 cod. d. proced. civ.: Nel giudizio d'interdizione o d'inabilitazione o di rivoca dell' una o dell' altra, in quanto non sia regolato da questo titolo, si osservano le norme del procedimento formale salvo chè per ragioni d'urgenza sia autorrizzato il procedimento sommario. Non può essere pronunziato sentenza non sentito il ministero pubblico.

[3]) Caldi: Commentario del cod. civ. Bd. 4. S. 433.

schaft ihren Sitz hat.[1]) Nach Ansicht der Wissenschaft aber auch der Wohnsitz des Entmündigten.

Die Aufhebung der Entmündigung äussert ihre Wirkung erst nach erlangter Rechtskraft, weil das Gesetz sowohl das Interesse der Entmündigten als auch das dritter Personen wahren will.

Nach dem Tode des Entmündigten kann die Klage auf Wiederaufhebung der Entmündigung nicht mehr angestellt werden. Dies beruht offenbar auf dem rein formellen Grunde, dass durch den Tod des Entmündigten seine persönliche Vernehmung ausgeschlossen ist.[2])

Die erfolgte Wiederaufhebung der Entmündigung wird in derselben Weise, wie das Urtheil, welches die Entmündigung ausgesprochen hat, abweichend vom französischen Recht, veröffentlicht. Dies ist ausdrücklich im Art. 844 des Codice della procedura civile[3]) bestimmt, und finden daher auch die bereits angeführten Bestimmungen über die Vormundschafts-Register[4]) hierauf Anwendung.

II. Geschäftsunfähigkeitserklärung.

Wie bereits im Eingang erwähnt, giebt das italienische Gesetzbuch keine Definition des Begriffes „Geisteskrankheit“; macht aber einen Unterschied mit Rücksicht auf den Grad derselben. Die Entmündigung lässt es eintreten, wenn der Kranke seine Interessen wahrzunehmen nicht in der Lage ist; begnügt sich aber mit der Geschäftsunfähigkeitserklärung, wenn ein minderer Grad von Geisteskrankheit in Frage kommt. Hebt die Entmündigung die Persönlichkeit des

---

[1]) Caldi: Commentario del cod. civ. Bd. 4 S. 434.

[2]) Caldi: Commentario del cod. civ. S. 437.

[3]) Artic. 844 cod. d. proc. civ.: Le sentenze che pronunziano l'interdizione o l'inabilitazione o la rivoca dell' un' o dell' altra passate in giudicato, si trasmettono per estratto a cura del ministero pubblico alle cancellerie di tutti i tribunali per essere affisse nella sala pubblica d'aspetto, presa trascriptione in registro apposito, che può essere esaminato da chiunque qui ne faccia domanda: il tutto nei modi stabiliti dal regolamento.

[4]) cfr. S. 28 ff.

Entmündigten vollständig auf, so begnügt sich der italienische Gesetzgeber bei minder geisteskranken Personen, dieselben hinsichtlich ihrer Geschäftsfähigkeit nur einzuschränken.

Dies hat seinen Grund in der offenbaren Scheu, die persönliche Freiheit und Rechtsfähigkeit des Staatsbürgers in einem weiteren Grade einzuschränken, als dies im öffentlichen oder privaten Interesse unabweislich geboten ist.

Das Institut, welches das italienische Gesetz aus diesem Grunde für die Personen, welche nicht in dem Grade geisteskrank sind, dass sie ihre Interessen gar nicht wahrnehmen können, eingeführt hat, ist die inabilitazione oder Geschäftsunfähigkeitserklärung.

Dieses Institut findet auch Personen, welche den Geisteskranken geringeren Grades gleichgestellt werden, nämlich Verschwendern, Taubstummen und Blindgeborenen gegenüber Anwendung.

Die Bestimmungen hierüber finden sich im 1. Buch Tit. 9 Abschnitt 3 Art. 339—342 des Codice civile.

Der Art. 339[1]) lautet: „Der Geisteskranke, dessen Zustand nicht so schwer ist, um die Entmündigung angezeigt sein zu lassen, und der Verschwender können vom Gericht (Landgericht) für unfähig erklärt werden, vor Gericht aufzutreten, Vergleiche abzuschliessen, Darlehen aufzunehmen, Kapitalien zu kündigen, Schulderlasse auszusprechen, ihre unbeweglichen Güter zu verpfänden oder zu veräussern oder irgend ein anderes Rechtsgeschäft vorzunehmen, welches den Kreis einfacher Verwaltungsmassregeln überschreitet, ohne Beistand eines ihm vom Vormundschafts- oder Familienrath zu ernennenden Pflegers.

---

[1]) Art. 339. Cod. civ.: L'infermo di mente il cui stato non sia talmente grave da far luogo all interdizione e il prodigo potranno dal tribunale essere dichiarati inabili a stare in giudizio, fare transazioni, prendere a prestito, ricevere capitali, rilasciare liberazioni, alienare od ipotecare i loro beni, nè fare altro atto che ecceda la semplice amministrazione senza l'assistenza di un curatore da nominare dal consiglio di famiglia o di tutela.

L'inabilitazione può essere promossa de coloro che hanno diritto di promuovere l'interdizione.

Der Antrag auf Geschäftsunfähigkeitserklärung kann von Jedem eingebracht werden, der das Recht hat, die Entmündigung zu beantragen."

Art. 340[1]) lautet: „Der Taubstumme oder Blindgeborene werden, wenn sie die Grossjährigkeit erlangt haben, nach dem Gesetz für geschäftsunfähig erklärt angesehen, ausser wenn das Landgericht sie für fähig erklärt hat, ihren eigenen Angelegenheiten vorzustehen."

Die Geschäftsunfähigkeitserklärung kann nur bei grossjährigen Personen stattfinden.[2]) Minderjährige stehen unter väterlicher Gewalt bezw. Vormundschaft und Minderjährige, die aus der väterlichen Gewalt entlassen sind, haben bereits einen Pfleger, auch kann die Entlassung aus der väterlichen Gewalt zurückgenommen werden. Dagegen ist es zulässig, die Ehefrau für geschäftsunfähig zu erklären. Die Geschäftsunfähigkeitserklärung kann, wie oben angeführt, ausgesprochen werden zunächst wegen Geisteskrankheit in geringerem Maasse. Eine nähere Definition hat das Gesetz nicht und muss daher angenommen werden, dass es dem richterlichen Ermessen anheim gestellt ist, ob er im Einzelfall Entmündigung für nothwendig oder Geschäftsunfähigkeiterklärung für ausreichend erachtet.

Ferner kann Jemand wegen Verschwendung für geschäftsunfähig erklärt werden. Was unter Verschwendung zu verstehen, ist im Gesetz nicht gesagt und wird es daher in jedem einzelnen Falle darauf ankommen, nach der gesammten Sachlage zu beurtheilen, ob die Person, welche wegen Verschwendung für geschäftsunfähig erklärt werden soll, thatsächlich ihr Vermögen verschleudert.

Die Nothwendigkeit des gesetzlichen Schutzes für Personen, welche — wenn auch nur in geringerem Grade — geisteskrank sind, ist bereits bei der Besprechung der Entmündigung erörtert worden.

---

[1]) Art. 340 l. c. Il sordo-muto ed il cieco della nascità, giunti all' età maggiore, si reputeranno inabilitati di diritto eccetati il tribunale li abbia dichiarati abili a provvedere alle cose proprie.

[2]) Caldi: Commentario del codice civile. Bd. 4 S. 442 f.

Für die Nothwendigkeit eines gleichen Schutzes für den Verschwender durch Geschäftsunfähigkeitserklärung ist die Erwägung massgebend gewesen, dass es im Staatsinteresse liegt, zu verhindern, dass ein Staatsbürger in solcher Weise über sein Vermögen verfügt, dass er sich und seiner Familie die Mittel zum Unterhalt entzieht. Dies erscheint schon aus dem Grunde geboten, um zu verhindern, dass der Verschwender, wenn er nicht mehr seiner Neigung fröhnen kann, zum Verbrechen getrieben wird.[1]) Uebrigens wollte der Entwurf des Gesetzbuches ursprünglich den Verschwender analog dem römischen Recht entmündigen. Dieser Ansicht wurde jedoch vom Minister Pisanelli widersprochen, weil das Gesetz Zwangsmassregeln nur insoweit anordnen dürfe, als nothwendig sei, und die Geschäftsunfähigkeitserklärung genüge, um Vermögensverschleuderungen zu verhüten.[2])

In der Commission des Senates wollte man je nach der Schwere des Falles unterscheiden; die Commissione coordinatrice aber lehnte die Entmündigung ab.

Die Bestimmung, dass die Taubstummen und Blindgeborenen gesetzlich geschäftsunfähig sind, ist durch die Commission des Senates für die Berathung des Codice civile in das Gesetz gekommen, den früheren italienischen Gesetzen und dem französischen Recht ist sie fremd. Dem römischen Recht war das Institut fremd, doch wurde eine Pflegschaft auf Antrag bestellt.

Die Vorschrift des Codice civile bietet für die davon Betroffenen manche Vortheile und gewährleistet denselben einen grossen Schutz gegen Ausbeutung. Nach dem Wortlaut des Gesetzes wird für den Taubstummen und Blindgeborenen, auch wenn der Vater beim Eintritt der Grossjährigkeit noch am Leben ist, vom Vater der Familienrath zur Bestellung eines Pflegers einberufen werden müssen. Stand der Betreffende aber bereits während seiner Minderjährigkeit unter Vormund-

---

[1]) Caldi. Commentario del codice civile Bd. 4 S. 440. Quando non si può più alimentare il vizio commincia il delitto. Wenn sich das Laster nicht mehr erhalten kann, beginnt das Verbrechen.

[2]) Buniva: del diritto delle persone. Bd. 2. S. 330 ff.

schaft, so muss der bestehende Familienrath den Pfleger bestellen und bleibt seinerseits selbst in Thätigkeit, zur Berufung eines neuen Familienraths liegt in solchem Falle kein Anlass vor.

Fällt der Grund fort, so kann auch naturgemäss die Geschäftsunfähigkeitserklärung widerrufen werden. Dies bestimmt Art. 342[1]) Codice civile, welcher lautet: „Die Geschäftsunfähigkeitserklärung wird wie die Entmündigung wiederaufgehoben, wenn der Grund, aus dem sie ausgesprochen wurde, aufgehört hat."

Für das Verfahren gelten dieselben Vorschriften, wie für die Entmündigung und zwar sowohl hinsichtlich der Verhängung als auch bezüglich des Widerrufs der Geschäftsunfähigkeitserklärung und zwar sowohl in erster als in zweiter Instanz und ebenso bezüglich der Bekanntmachung, Registerführung und des Eintritts der Wirksamkeit.

Zu bemerken ist, dass Niemand selbst seine Geschäftsunfähigkeitserklärung beantragen kann und zwar aus demselben Grunde, aus welchem dies bei der Entmündigung unstatthaft st, sowie dass auch die Wissenschaft der Ansicht ist, dass ein Geschäftsunfähigerklärter nicht selbständig die Aufhebung dieser Erklärung beantragen kann.

Ein Hauptunterschied dieses Instituts von dem der Entmündigung liegt darin, dass der Richter die Geschäftsunfähigkeit aussprechen kann, wenn die Vorbedingungen für solche gegeben sind, während er im gleichen Falle die Entmündigung aussprechen muss.

Weitere erhebliche Unterschiede folgen aus der Natur der beiden Rechtsinstitute. Der Entmündigte verliert vollständig seine Rechtsfähigkeit, wohingegen der Geschäftsunfähigerklärte in seiner Rechtsfähigkeit nur beschränkt wird. Ersterer bedarf deshalb eines Vormundes, während letzterer nur eines Beistandes für Vornahme gewisser Rechtsgeschäfte bedarf, der ihm in der Person eines Pflegers bestellt wird.

Die Wirkung der Geschäftsunfähigkeitserkärung äussert

---

[1]) Art. 342 l. c. L'inabilitazione sarà rivocata come l'interdizione, quando sia cessata la causa per cui fu pronunciata.

sich nun darin, dass der von dieser Erklärung Betroffene selbständig nur solche Rechtsgeschäfte giltig vornehmen kann, welche die Grenzen einer einfachen Verwaltung nicht überschreiten. Mit Rücksicht auf diese generelle Bezeichnung im Art. 339 l. c. wird deshalb in jedem einzelnen Fall zu prüfen sein, ob ein vorzunehmendes Geschäft die gesteckten Grenzen überschreitet. Man wird annehmen können, dass er verkaufen kann, sogar die Früchte auf dem Halme; dagegen wird er keinen Wechsel, auch nicht zu seinem Gunsten ziehen können, da in demselben eine Abtretung bezw. ein Einziehungsmandat liegt. Kapitalien darf er selbst aber nicht einziehen und kann daher ein derartiges Recht auch nicht an Dritte übertragen. Darlehn darf er nicht aufnehmen, kann also auch nicht aus solchem verklagt werden; doch dürfte letzteres wegen der Bereicherung zulässig sein.[1])

Damit aber der Geschäftsunfähigerklärte diejenigen Rechtsgeschäfte, welche eine einfache Verwaltung übersteigen, dennoch gültig vornehmen kann, bedarf er des Beistandes und der Zustimmung des ihm bestellten Pflegers. Da dieser durch den Familien- oder Vormundschaftsrath bestellt werden soll, so ist anzunehmen, dass die Pflegschaft über Geschäftsunfähigerklärte nicht den Regeln der Vormundschaft über Minderjährige folgt. Es werden von der Pflegschaft indessen die Personen ausgeschlossen sein müssen, welche den Antrag gestellt haben, um Unzuträglichkeiten zu vermeiden. Die Frau wird nicht zur Pflegerin des Ehemannes bestellt werden können, da dies nicht im Gesetz ausdrücklich zugelassen ist und auch zu Widersinnigkeiten führen würde, weil sie selbst mehrfach bei Rechtsgeschäften der Zustimmung des Ehemannes bedarf.[2])

Falls der etwa vom Familienrath als Pfleger bezw. Pflegerin bestellte Vater bezw. Mutter sterben, kann der überlebende Gatte nur durch Familienrathsbeschluss die Pflegschaft erhalten, da das Gesetz die Ernennung des Pflegers durch den Familienrath ausdrücklich vorschreibt.

---

1) Ricci: Corso teoretico-pratico. Bd. 1 S. 636 ff.

2) Ricci: Corso teoretico-pratico Bd. 1 S. 633. — Paoli: dell' Instituto dell' Interdizione S. 256.

Uebrigens muss die Pflegschaft so gut wie die Vormundschaft übernommen werden. Die Rechte und Pflichten des Familienraths gegenüber dem Pfleger richten sich nach den für die Vormundschaft gegebenen Vorschriften, soweit jene mit Rücksicht auf die abweichenden Zwecke des Instituts Anwendung finden können.

Aus der Bestimmung, dass der Geschäftsunfähigerklärte gewisse Rechtsgeschäfte nur im Beistande des Pflegers vornehmen kann, ergiebt sich, dass der Pfleger bei derartigen Rechtsgeschäften zugegen sein und als Partei auftreten muss. Er muss auch den Rechtsgeschäften von Anfang an und gänzlich beiwohnen.[1])

Ein Rechtsgeschäft, welches den Geschäftsunfähigerklärten zu einer Reihe von Leistungen verpflichtet oder eine Generalvollmacht für Dritte, durch welche diese im Namen des Geschäftsunfähigerklärten eine Reihe von Rechtsgeschäften eingehen können, entbehrt daher, selbst wenn das Rechtsgeschäft oder die Vollmacht unter Zuziehung des Pflegers abgeschlossen oder ausgestellt ist, der Gültigkeit, da ja der Pfleger, welcher Special- und nicht General-Beistand ist, nicht jedem einzelnen der fraglichen Rechtsgeschäfte beigewohnt hat.

Die Praxis will jedoch von der Gleichzeitigkeit der Genehmigung Abstand nehmen und vorherige Ertheilung derselben als zulässig ansehen, wenn dieselbe schriftlich ertheilt ist, sowie genau und ausführlich alle Bedingungen des betreffenden Rechtsgeschäfts enthält und in der Urkunde über das Rechtsgeschäft die Genehmigung vollständig aufgenommen wird. Aus der gesetzlichen Unfähigkeit des Geschäftsunfähigerklärten vor Gericht aufzutreten, ergiebt sich, dass auch für den Fall, dass ein solcher später entmündigt werden soll, sein Pfleger hinzugezogen werden muss.

Zur Genehmigung von Rechtsgeschäften des Geschäftsunfähigerklärten, die er für nachtheilig hält, kann der Pfleger nicht genöthigt werden. Verweigert derselbe aber seine Genehmigung bei einem für den Geschäftsunfähigerklärten vor-

[1]) Ricci: Corso teoretico-pratico. Bd. 1 S. 641 f. -- Paoli: dell' Instituto dell' Interdizione. S. 261 ff.

theilhaften Geschäft, so kann dieser die Entscheidung des Familienraths anrufen, der alsdann ev. nach Anhörung der Staatsanwaltschaft den Pfleger absetzen und einen neuen; oder aber auch nur einen curator ad hoc bestellen kann.[1])

Die Mitwirkung der Staatsanwaltschaft wird stets geboten sein, wenn anzunehmen ist, dass der Pfleger aus Unfähigkeit oder unlauteren Motiven handelt. Ebensowenig wie der Geschäftsunfähigerklärte ohne den Pfleger kann dieser ohne Zuziehung des Pflegebefohlenen oder in dessen Namen handeln.

Ist der Geschäftsunfähigerklärte Prozessbeklagter, so ist der Pfleger selbst Partei und kann selbständig alle Rechtsmittel u. s. w. brauchen, doch muss auch der Pflegebefohlene geladen werden. Zahlungsbefehle dagegen werden dem Geschäftsunfähigerklärten unter Benachrichtigung des Pflegers zugestellt.

Der Fall, dass ein Geschäftsunfähigerklärter es unterlässt zu klagen, wo er klagen musste, ist vom Gesetz nicht vorgesehen, weil der Gesetzgeber davon ausgegangen ist, dass Verschwender und Geisteskranke geneigt sind, eher zu viel als zu wenig in dieser Beziehung zu unternehmen.

Die Rechtsgeschäfte, welche der Genehmigung des Pflegers bedürfen, von dem Pflegebefohlenen aber ohne solche vorgenommen sind, unterliegen der relativen Nichtigkeit. Dies ergiebt sich aus der Bestimmung des Art. 341 l. c.[2]) „Die Nichtigkeit der von dem Geschäftsunfähigerklärten ohne den Beistand des Pflegers vorgenommenen Rechtsgeschäfte können nur von dem Geschäftsunfähigerklärten selbst, seinen Erben und Rechtsnachfolgern eingewendet werden.“

Die Wissenschaft[3]) will allerdings auch dem Pfleger das Recht einräumen, Rechtsgeschäfte, welche ohne seinen Beistand vorgenommen sind, anzufechten, da das ganze Institut sonst seinen Zweck verfehlen würde, doch erscheint dies angesichts der strikten gesetzlichen Bestimmung bedenklich.

---

[1]) Paoli: dell' Instituto della Interdizione. S. 263/264.

[2]) Art. 341: Codice civile: La nulità degli atti fatti dall' inabilitato senza l'assistenza del curatore non può essere proposta che dall' inabilitato, e da suoi eredi ed aventi causa.

[3]) Paoli: dell Instituto della Interdizione. S. 269 ff.

Auf Rechtsgeschäfte, welche der Geschäftsunfähigerklärte vor dem Urtheil und während des Verfahrens vorgenommen hat, übt die erfolgte Geschäftsunfähigkeitserklärung keinen Einfluss aus, wie dies bei dem Entmündigungsurtheil der Fall ist. Der Grund hierfür liegt darin, dass das Gesetz die Geschäftsunfähigkeit einer Person im Allgemeinen nicht vermuthet, sondern erst dann anerkennt, wenn sie durch richterliches Urtheil ausgesprochen ist.

Das Gericht wird aber bei einem schwebenden Verfahren demjenigen, der für geschäftsunfähig erklärt werden soll, ebenso wie dem zu Entmündigenden, einen vorläufigen Pfleger bestellen können und muss ein derartiges Rechtsgeschäft anfechtbar sein, wenn der andere Contrahent die Sachlage kannte (exceptio doli).[1])

III. Verwahrung und Pflege der Geisteskranken.

Die italienische Gesetzgebung enthält bisher keine besondere Bestimmungen über die Bewahrung und Pflege der Geisteskranken und überlässt dieselbe vielmehr der Familie und macht nur hinsichtlich der geisteskranken Verbrecher eine später zu erörternde Ausnahme. Diese Lücke ist von der Regierung mehrfach empfunden und wiederholt der Versuch gemacht worden, dieselbe durch Einbringung verschiedener Gesetzentwürfe, die bisher aber nicht zur Annahme durch das Parlament gelangt sind, zu beseitigen.

Der letzte derselben ist vom 17. Februar 1893 und will alle von Geisteskrankheit Befallenen, wenn sie als gefährlich für sich oder andere erkannt sind oder als solche, die geeignet

[1]) Art. 1108. Codice civile: Il consenso non è valido se fu dato per errore, estorto con violenza o capito con dolo. — Il dolo è causa di nullità di contratto, quando i raggioni usati da uno dei contraenti sono stati tali che l'altro senza di essi non avrebbe contrattato.

Die Zustimmung ist wirkungslos, wenn sie aus Irrthum gegeben, durch Zwang herbeigeführt oder durch Arglist erlangt wurde. Arglist ist Nichtigkeitsgrund eines Rechtsgeschäfts, wenn die von dem einen Contrahenten angewendeten Vorspiegelungen derartige waren, dass der Andere ohne dieselben, den Vertrag nicht abgeschlossen haben würde.

sind, öffentliches Aergerniss zu geben, der Bewachung entweder in ihrem Wohnsitz oder in besonders dazu bestimmten Asylen unterstellen.[1])

Obwohl, wie gesagt, diese Vorschläge noch nicht Gesetz geworden sind, enthält doch der Codice penale[2]) vom 30. Juni 1889 Strafbestimmungen gegen solche Personen, welche die ihrer Hut anvertrauten Irrsinnigen umherlaufen lassen oder von ihrer Entweichung keine Anzeige bei der Behörde machen. Ferner ist im Strafgesetzbuch derjenige mit Strafe bedroht, welcher geisteskranke Personen, ohne der Behörde hiervon Anzeige zu machen, oder die etwa erforderliche Erlaubniss und Ermächtigung erhalten zu haben, aufnimmt und dehnt diese Bestimmungen auch auf Personen aus, die der Leitung von Irrenhäusern vorgesetzt sind oder die Heilkunst ausüben.

Diese Bestimmungen erscheinen sowohl im Interesse der Geisteskranken selbst als auch der Allgemeinheit gegeben und auch geeignet, diese Interessen zu schützen.

IV. Stellung und Behandlung der Geisteskranken im Gebiet des Strafrechts.

In allen Strafgesetzgebungen ist die strafrechtliche Verfolgung eines Uebelthäters davon abhängig gemacht, dass dem Thäter die That zugerechnet werden kann, d. h. dass derselbe sich der Strafbarkeit seiner Handlungsweise bei der Begehung bewusst gewesen ist.

Die verschiedenen Gesetzgebungen haben Umstände anerkannt, unter denen die Zurechnungsfähigkeit eines Uebelthäters ganz ausgeschlossen oder gemindert sein soll. Vorangestellt ist in allen Gesetzgebungen die Geisteskrankheit als Ausschliessungsgrund der Zurechnungsfähigkeit.

Dieser Annahme hat sich auch das italienische Strafgesetz-

---

[1]) Progetto di legge sulla tutela e custodia degli alienati. — Legislatura XVIII. 10. Sessione 1892/93. — Documenti, progetti e relazioni. — Atti parlamentari. Senato del Regno. No. 74.

[2]) Cfr. Italienisches Strafgesetzbuch. — Deutsch von Dr. Stephan: Art. 477, 478, 479.

buch angeschlossen, hat aber ausserdem noch die Umstände, unter denen nur eine geminderte Zurechnungsfähigkeit vorliegt, einer besonderen Berücksichtigung unterzogen.

Was den Zustand der Geisteskrankheit anlangt, so bestimmt Art. 46 des Codice penale:[1]) „Nicht strafbar ist derjenige, welcher im Augenblick der That in einem solchen Zustand von Geisteskrankheit sich befand, dass ihm das Bewusstsein oder die Freiheit seiner Handlungen benommen war.

Der Richter ordnet nichts desto weniger, falls er die Entlassung des freigesprochenen Beschuldigten (Angeklagten) für gefährlich erachtet, die Ueberweisung desselben an die für die gesetzlichen Vorkehrungen zuständige Behörde an."

Eine Definition darüber, was unter Geisteskrankheit zu verstehen ist, bietet auch der Codice penale nicht. Es kann aber naturgemäss unter Geisteskrankheit, welche die Strafbarkeit einer Person ausschliesst, nur eine solche verstanden werden, welche ihren Ursprung in einer Erkrankung des Organismus hat, da nur in einem solchen Falle von einer Krankheit gesprochen werden kann.[2]) Die sogenannte „moralische Thorheit", die auf einer falschen sittlichen Anschauung beruht, schliesst an und für sich die Zurechnungsfähigkeit nicht aus; kann sie aber sehr wohl schmälern. Auch kann der Zustand der Geisteskrankheit nur dann als Strafausschliessungsgrund wirksam sein, wenn er zur Zeit der That bestanden hat. Eine früher vorhanden gewesene Geisteskrankheit oder der spätere Eintritt einer solchen hebt die Strafbarkeit nicht anf. Die Fortdauer der früheren Geisteskrankheit wird nicht vermuthet und der spätere Ausbruch der Geisteskrankheit äussert nur auf das Verfahren seinen Einfluss. Ein Geisteskranker hat keinen eigenen Willen, er kann

---

[1]) Art. 46. Non è punibile colui che, nel momento in cui ha commesso il fatto, era in tale stato d'infermità di mente da togliergli la coscienza o la libertà dei proprii atti.

Il Giudice, nondimeno, ove stimi pericolosa la liberazione dell' imputato prosciolto, ne ordina la consegna all' Autorità competente per i provvedimenti di legge.

[2]) Lombardi: Codice penale per il Regno d'Italia. Bd. I S. 408.

sich nicht vertheidigen und kann deshalb gegen ihn nicht verhandelt werden. Es wird deshalb eine Aussetzung des Verfahrens in soweit stattfinden müssen, als der Angeklagte dem Verfahren zuzuziehen sein würde.

Die Vollstreckuug einer erkannten Freiheitsstrafe unterbleibt gegen Geisteskranke, wohingegen Geldstrafen aus dem Vermögen beigetrieben werden können. Die Behauptung, dass der Angeklagte bezw. Thäter einer strafbaren Handlung geisteskrank ist, oder zur Zeit der That gewesen ist, bedarf im Strafverfahren des Beweises. Dieser Beweis kann auf alle Weise, insbesondere durch Zeugen oder Sachverständige erbracht werden. Eine Aussetzung des Strafverfahrens aber bis zum etwaigen Erlass eines Entmündigungsurtheils findet nicht statt. Hierfür sprechen folgende Gründe: Zunächst muss naturgemäss dem Richter, der über die Schuldfrage zu urtheilen hat, auch die Befugniss zustehen, über die Zurechnungsfähigkeit des Beschuldigten zu entscheiden; sodann aber bietet auch ein vorliegendes Entmündigungsurtheil an und für sich noch keinen Beweis für die im Strafgesetzbuch als Strafausschliessungsgrund verlangten Zustand der Geisteskrankheit. Es ist vielmehr denkbar, dass Jemand zwar unfähig sein kann, seinen eigenen Geschäften vorzustehen; dennoch aber Einsicht genug besitzt, um die Immoralität etwa von ihm begangener Strafthaten zu erkennen.[1])

Das Strafgesetzbuch geht daher offenbar in seinen Anforderungen bezüglich der Geisteskrankheit als Strafausschliessungsgrund erheblich weiter als das Civilrecht bei der Entmündigung.

Immerhin muss natürlich eine entmündigte Person zu denjenigen gerechnet werden, denen, wie später ausgeführt werden soll, nur eine geminderte Zurechnungsfähigkeit zukommt.

Solche Personen, welchen in Folge von Geisteskrankheit die Zurechnungsfähigkeit abgeht, und die deswegen wegen ihrer strafbaren Handlungen nicht bestraft werden können,

---

[1]) Lombardi: Codice penale, Bd. 1 S. 410.

sollen nach dem angezogenen Gesetz nicht unbedingt entlassen, sondern der Sicherheitsbehörde überwiesen werden.

Diese Vorschrift ist in den Art. 13 und 14 der Ausführungsvorschriften für das Strafgesetzbuch (Disposizioni per l'attuazione del codice penale) vom 1. Dezember 1889[1]) näher erläutert werden.

Hiernach findet folgendes Verfahren statt:

Im Falle die Freisprechung vor dem Schwurgericht erfolgt, verfügt der Gerichtshof mittels motivirten Beschlusses die Ueberweisung des Freigesprochenen an die Sicherheitsbehörde. Diese trägt dafür Sorge, dass der Freigesprochene provisorisch in ein Irrenhaus aufgenommen wird und zwar zwecks der Beobachtung bis seitens des Präsidenten des Civilgerichts, in dessen Bezirk der Beschluss ergangen ist, die endgültige Aufnahme oder die Entlassung des Freigesprochenen oder Angeklagten angeordnet wird.

Die Befassung des Civilgerichts mit der Sache erfolgt auf Antrag der Staatsanwaltschaft und entscheidet der Präsident nach Einholung der nothwendigen Aufklärungen.

In anderen Fällen[2]) erlässt das Gericht die vorgedachte

[1]) Art. 13. Nel caso preveduto nel capoverso dell articolo 46 di codice penale, la corte d'assise provvede, con ordinanza motivata, alla consegna dell' accusato prosciolto all' autorità di pubblica siccurezza, che lo fa ricoverare provisoriamente in un manicomio, in istato di osservazione sino a che non sia pronunziata la decisione proveduta nell' articolo sequente . . . Art. 14. Il presidente del tribunale civile all cui ciscondario fu pronunziata l'ordinanza . . . — ad istanza del pubblico ministero e assunte le opportune informazioni, ordina il ricovero definitivo o la liberazione dell' accusato e imputato prosciolto e provisoriamente ricoverato in un maniconio secundo l'articolo precedente.

[2]) Art. 13. . . . Le altre autorità giudiziaria provvedono con la stessa sentenza, con la quale l'imputato è prosciolto. In ogni caso, il provvedimento è dato d'ufficio e nessuno ha diritto di provocarlo. Art. 14. . . . Ove cessino le ragioni che determinarono il ricovero definitivo, spetta allo presidente sulla istanza delle parti e anche d'ufficio ordinarne la revocazione, il presidente medesimo può sempre ordinare la consegna della persona recoverata nell manicomio a chi consenta di assumerne la cura e la cussodia e offra sufficienti guarentigie.

Verfügung in dem freisprechenden Urtheil und findet alsdann das gleiche Verfahren, wie vorerwähnt, Anwendung.

Die betreffende Verfügung erfolgt von Amtswegen und hat Niemand ein Recht, ihren Erlass zu beantragen.

Wenn die Gründe, welche zur endgültigen Verweisung in eine Irrenanstalt geführt haben, aufhören, so liegt es dem Präsidenten des Civilgerichts ob, von Amtswegen oder auch auf Antrag der Partei den Widerruf anzuordnen.

Der Präsident des Civilgerichts kann auch jederzeit anordnen, dass der in einem Irrenhause Aufgenommene, demjenigen, der die Pflege und Obhut übernehmen will und die erforderliche Gewähr bietet, überwiesen wird.

Die italienische Regierung hat ferner durch das allgemeine Gefängnissreglement (Regolamento generale degli stabilimenti carcerarii e dei riformatorii governativi) vom 1. Februar 1891 bezw. 1. Juni 1891 bei den Gefangenenanstalten die Einrichtung „gerichtlicher Irrenanstalten" vorgesehen[1]) und sind solche bereits bei mehreren Centralgefängnissen eingerichtet.

---

[1]) Art. 4 des Regolamento generale: Sono stabilimenti di pena speciali:

. . . . i manicomii giudiziarii. — Art. 11 l. c. — Gli stabilimenti di pena speciali sono destinati alle seguente categorie di detenuti: C. i manicomii giudiziarii ai condannati dei quali fa menzione l'articolo 469 e agl'inquisiti iudicati negli articoli 471, 472, 473 del Regolamento. — Art. 469: Per i condamati che devono scontare una pena maggiore di un anno, colpiti da alienazione mentale, sono destinati speciali stabilimenti o manicomii giudiziarii nei quali si provvede ad un tempo alla repressione e alla cura. Per ordinare il trasferimento in un manicomio giudiziario occorre il rapporto del Medico-Chirurgo dello stabilimento penale in cui trovasi il condannato e il ministero può sentire all' uopo anche il parere di uno o più alienisti. — Art. 470: I condannati che devono scontare una pena minore di un anno, colpiti da alienazione mentale, ma inoffensivi, paralitici o affetti da delirio transitorio, possono manere negli stabilimenti ordinarii, ove non manchino i mezzi di cura e non si porti nocumento alla disciplina interna. In caso contrario possono essere inviati ai manicomii giudiziarii ed anche ai manicomii provinciali a spese dell'Amministrazione. Wegen Art. 471, 472, 473 cfr. die folgenden Anmerkungen.

Nach Art. 471 des Reglements[1]) werden Geisteskranke der im Art. 46 des Strafgesetzbuches gedachten Art auf Antrag der Sicherheitsbehörde und durch Verfügung des Ministers des Innern[2]) in die gerichtlichen Irrenhäuser aufgenommen, jedoch in besonderen Abtheilungen. Gemäss Art. 472 l. c.[3]) können durch Verfügung des Ministers des Innern in diese Abtheilungen auch diejenigen freigesprochenen Angeklagten eingestellt werden, welche gemäss des oben angeführten Art. 13 des Ausführungsgesetzes vom 1. Dezember 1889 vorläufig zur Beobachtung in einer Irrenanstalt untergebracht werden sollen.

Desgleichen bestimmt Art. 473. l. c.,[4]) dass auf Antrag der richterlichen Behörden auch Untersuchungsgefangene zur Beobachtung in besondere Abtheilungen der Irrenanstalten aufgenommen werden können. Die Ueberweisung findet auch hier durch Verfügung des Ministers des Innern statt.

Hinsichtlich der Einrichtung und Verwaltung der gerichtlichen Irrenanstalten trifft das angezogene Reglement im Wesentlichen folgende Bestimmungen:[5])

Die Verwaltung wird von einem Gefängnissdirektor ge-

---

[1]) Art. 471 Regolamento: Gli accusati e imputati prosciolti ai sensi che articolo 46 del codice penale e per i quali il presidente del tribunale civile pronunzia il ricovero definitivo in un manicomio giusto l'articolo 14 del Regio decreto 10. decembre 1889 no. 6509 (seria 3a) sono trasferiti, con decreto del ministero dell' Interno e su proposta dell' autorità di pubblico siccurezza in un manicomio giudiziario, ma in sezioni separate.

[2]) Die Gefängnisse unterstehen in Italien sämmtlich dem Minister des Innern.

[3]) Art. 472 l. c.: Nelle sezioni indicate nell' articolo precedente possone essere fatti ricoverati con decreto del ministero dell' Interno anche gli accusati prosciolti che ai sensi dell' articolo 13 del Regio decreto 10. decembre 1889 no. 6509 seria 3a debbono essere provisoriamente chiusi in un manicomio, in istato di osservazione.

[4]) Art. 473 l. c.: Sopra apposita domanda dell' autorità giudiziaria, possono essere ricoverati in una sezione speciale dei manicomii giudiziarii anche gli inquisiti in istato di osservazione. L'assegnazione è fatta per decreto del Ministero del Interno.

[5]) Art. 474, 475, 476, 478, 479 l. c.

leitet, dem für die Pflege der Kranken ein ärztlicher Direktor (geprüfter Irrenarzt) zur Seite steht. Der Direktor muss dem Präsidenten des Civilgerichts, der die Aufnahme der in dem Art. 471 l. c. erwähnten Angeschuldigten angeordnet hat, alle Vierteljahre über den Gesundheitszustand Bericht erstatten. Handelt es sich um Personen der im Art. 472 und 473 l. c. erwähnten Art, so muss der Bericht monatlich an die betreffende Gerichtsbehörde erstattet werden. Der Bericht muss auch ausser der Zeit erstattet werden, sobald der ärztliche Leiter der Anstalt annimmt, dass der Aufgenommene vollkommen geheilt ist. Dem Bericht muss jederzeit eine Aeusserung des Chefarztes beigefügt sein.

Die Gerichtsbehörde, welche die Aufnahme veranlasst hat, kann die Pfleglinge, von denen Art. 471, 472, 473 l. c. handeln, jederzeit auch durch auswärtige Aerzte besuchen lassen.

Der ärztliche Direktor hat bei allen im gerichtlichen Irrenhause verstorbenen Personen, soweit die Leichen nicht einer Universität überwiesen werden, die Leichenschau und Sektion vorzunehmen und den Befund mit sonstigen zweckdienlichen Ermittelungen dem Ministerium durch Vermittelung des Direktors einzusenden. Die Verpflegung, Disciplin und Arbeit, sowie die Beziehungen zwischen dem Verwaltungsdirektor und ärztlichen Leiter sind nach besonderen vom Minister genehmigten Reglements geordnet. Am Ende des Verwaltungsjahres muss der ärztliche Leiter der Direktion, behufs Uebersendung an das Ministerium, einen Bericht einreichen über den Gang des ihm übertragenen Dienstes, die erhaltenen Ergebnisse und was sonst Gegenstand seiner Wahrnehmungen gewesen ist.

Was die Entlassung der Verurtheilten nach verbüsster Strafe betrifft, über die Art. 469 l. c. handelt, so findet dieselbe gemäss Art. 477 l. c.[1]) in der für die Gesunden an-

[1]) Art. 477 l. c. Per la liberazione dei condannati dei quali si parla nell' articolo 469 si applicano le dispozizioni dell' articolo 433 colle cautele stabilite pei dementi.

Per la liberazione degli inquisiti, indicati nelli articoli 471, 472 e 473 basta un ordinanza dell' autorità giudiziaria che promosse il ricovero.

geordneten Weise — d. h. bei Strafen unter 5 Jahren durch die Direktion, sonst unter vorheriger Mittheilung an den Minister — unter den für Wahnsinnige festgesetzten Vorsichtsmassregeln d. h. unter Beobachtung der im Art. 14 des Ausführungsgesetzes und des Art. 471 l. c. vorgeschriebenen Maassnahmen statt.

In den Fällen der Art. 471—473 genügt Verfügung der Gerichtsbehörde, welche die Aufnahme bewirkt hat.

Während die italienische Strafgesetzgebung sich mit allen Gesetzgebungen darin im Einklang befindet, dass sie die Strafbarkeit durch Geisteskrankheit des Thäters ausgeschlossen sein lässt, weicht sie vom deutschen Strafgesetzbuch, vom französischen und den darauf beruhenden belgischen und holländischen Gesetzen durch die besondere Berücksichtigung einer nur „geschmälerten Zurechnungsfähigkeit" als Strafmilderungsgrund ab.[1])

In dieser Beziehung bestimmt der Art. 47 des Codice penale:[2]) „Ist der im vorausgehenden Artikel angegebene Geisteszustand ein solcher, dass die Zurechnungsfähigkeit, ohne ausgeschlossen zu sein, erheblich geschmälert ist, so wird die für die begangene Strafthat festgesetzte Strafe — ermässigt. Ist die Strafe eine Freiheitsstrafe, so kann der Richter anordnen, dass dieselbe solange in einer Aufsichtsanstalt verbüsst wird, als die zuständige Behörde die Maassregel nicht widerruft; in diesem Falle wird der Rest der Strafe in der gewöhnlichen Weise vollstreckt."

Auch hier wird es wie im Verfahren, betreffend die Entmündigung und Geschäftsunfähigkeitserklärung, Sache des

---

[1]) Dänemark, Schweden, Spanien, einzelne Schweizer Kantone berücksichtigen gleichfalls die „geminderte Zurechnungsfähigkeit": früher auch einzelne deutsche Strafgesetze.

[2]) Art. 47. Quando lo stato di mente indicato nell' articolo precedente era tale da scemare grandemente la imputabilità senza escluderla la pena stabilita per il reato commesso è diminuita . . — Se la pena sia restrittiva della libertà personale, il giudice può ordinare che sia scontata in una casa di custodia sino a che l'autorità competente non revochi il provvedimento, nel quel caso il rimanente della pena è scontato nei modi ordinarii.

Richters sein, zu prüfen, welchen Grad geistiger Störung er als vorliegend anzunehmen hat.

Diese in Art. 47 des Codice penale erwähnten Aufsichtsanstalten sind besondere Strafanstalten,[1]) die eigens für diesen Zweck errichtet sind.[2]) Die Ueberweisung eines Verurtheilten in eine Aufsichtsanstalt erfolgt durch Verfügung des Ministers des Innern auf Grund eines Beschlusses des zuständigen Richters und finden dabei die Bestimmungen des Regolamento generale und Regolamento interno sachgemässe Anwendung.[3])

Diese Aufsichtshäuser — Bewahranstalten — unterscheiden sich[4]) von andern Strafanstalten durch mildere Disciplin, die sich besonders darin zeigt, dass das Schweigegebot nicht so streng gehandhabt wird und dass gewisse Disciplinarstrafen nur nach Anhörung des Anstaltsarztes gegen die Pfleglinge vollstreckt werden können.

Die im Art. 47 des Codice penale zugelassene Zurücknahme der Ueberweisung an eine Bewahranstalt ist im Art. 15 des Ausführungsgesetzes[5]) näher, wie folgt, geregelt: „Die Zurücknahme der im Absatz des Art. 47 des Strafgesetzbuches bezeichneten Massnahme erfolgt durch den Präsidenten des Civilgerichts, in dessen Bezirk die Verordnung ausgesprochen war, auf Vorschlag des Ueberwachungsausschusses derjenigen Anstalt, in welcher der Verurtheilte sich befindet, und nach Aeusserung der Staatsanwaltschaft.“

---

[1]) Regolamento: Art. 4: sono stabilimenti di pena speciali . . . le case di custodia.

[2]) Regolamento: Art. 11d: Le case di custodia sono destinati ai condannati cui si referisce l'articolo 47 del Codice penale.

[3]) Art. 481: L'ammissione di un condannato in una casa di custodia è decretata dal Ministero dell' Interno su ordinanza di autorità giudiziaria competente e si applicano al proposito le norme del Regolamento generale e quale del Regolamento interno.

[4]) Art. 484, 485 l. c.

[5]) Art. 15 l. c. La revocazione del provvedimento indicato al capoverso dell articolo 47 del Codice penale spetta al presidente del tribunale nel cui circondario fu pronunziata la condanna, sulla proposta de consiglio di sorveglianza presso lo stabilimento nel quale il condannato si trova, e sulle conclusioni del pubblico ministero.

Der Art. 16 l. c. ordnet die Einrichtung eines Ueberwachungsausschusses für derartige Anstalten an, der sich aus dem Staatsanwalt des zuständigen Gerichts, dem Präsidenten zur Fürsorge für entlassene Strafgefangene, oder wo solcher fehlt, aus einem Rechtsanwalt und dem Anstaltsdirektor zusammensetzt. Näheres über Thätigkeit und Befugnisse desselben enthalten Art. 21 ff. der Regolamento generale.

Weitere Bestimmungen über diesen Punkt enthält Art. 482 des Regolamento generale, welcher lautet:[1] „Wenn der Ueberwachungsausschuss nach Anhörung des Chefarztes und Einziehung sonstiger für nöthig erachteter Auskünfte annimmt, dass die Gründe, aus denen die Unterbringung eines Verurtheilten in eine Bewahrungsanstalt angeordnet ist, nicht mehr bestehen, macht er durch seinen Präsidenten (den Staatsanwalt) dem Präsidenten des Landgerichts, in dessen Bezirk die Verurtheilung ergangen ist, den Vorschlag, dass der Verurtheilte in eine ordentliche Gefangenenanstalt zurück zuführen sei."

Der Art. 483 l. c.[2]) bestimmt dann ferner: „Nachdem der Präsident des Gerichtshofes die entsprechende Verfügung erlassen, bestimmt der Minister des Innern diejenige Strafanstalt, in welche der Verurtheilte zu überführen ist, nachdem die Zeit berechnet ist, die er noch zu verbüssen hat."

Der 2. Absatz dieses Artikels bestimmt dann noch näher die Art und Weise, in welcher der Uebergeführte zu behandeln ist, insbesondere, dass er nicht mehr in dauernde Einzelhaft zu bringen ist.

---

[1]) Art. 482 l. c. Ove il consiglio di sorveglianza inteso il Medico-Chirurgo della casa e assunte quelle altre informazioni che guidicherà necessarie, creda siano cessate le cause onde fu disposto l'invio di un condannato alla casa di custodia, propone, per mezzo del suo presidente, al presidente del tribunale nel cui circondario venne pronunziata la condanna, che egli sia trasferito in uno stabilimento ordinario.

[2]) Art. 483 l. c. Avuta l'ordinanza del Presidente del Tribunale il Ministero del Interno designa lo stabilimento ordinario di pena al quale il condannato deve essere tradotto; tenuto conto del tempo di condanna che gli resta ancora da scontare.

Wie im Gebiete des Civilrechts, so berücksichtigt auch das italienische Strafrecht den Taubstummen hinsichtlich der ihm beizumessenden Unzurechnungsfähigkeit.

Der Art. 57 des Codice penale[1]) bestimmt, dass der Taubstumme straflos ist, wenn er bei Begehung der That das 14. Lebensjahr nicht vollendet hat; aber in solchem Falle angeordnet werden kann, dass er bis zum 24. Lebensjahr in eine Besserungs- und Erziehungsanstalt gebracht wird.

Der Art. 58 l. c. bestimmt, dass der Taubstumme, der das 14. Lebensjahr überschritten hat, keiner Strafe unterliegt, wenn nicht nachgewiesen wird, dass er mit Unterscheidungsvermögen gehandelt hat; falls aber die zu verhängende Freiheitsstrafe 1 Jahr nicht übersteigt und er das 24. Lebensjahr noch nicht vollendet hat, er von dem Richter bis zur Vollendung des 24. Lebensjahres ebenfalls in eine Besserungsanstalt geschickt werden kann. Hat er indessen das 24. Lebensjahr vollendet, so kann der Richter seine Ueberweisung an die für die gesetzlichen Vorkehrungen zuständige Behörde aussprechen. Hat er mit Unterscheidungsvermögen gehandelt, so wird er milder bestraft.

Das Verfahren bezüglich eines über 24 Jahre alten Taubstummen, der wegen mangelnden Unterscheidungsvermögens frei gesprochen ist, regelt sich nach den für das Verfahren gegen Geisteskranke in den Artikeln 13 und 14 des Ausführungsgesetzes getroffenen Bestimmungen und findet seine Aufnahme in diejenige Anstalt statt, welche die Sicherheitsbehörde bestimmt. (cfr. Art. 17 l. c.[2])

Der Widerruf der Verfügung, durch welche die Aufnahme eines Taubstummen in eine Erziehungs- oder Besserungsanstalt gemäss Art. 58 des Strafgesetzbuches angeordnet war, muss

---

[1]) Italienisches Strafgesetzbuch. Deutsch von Dr. Stephan. Art. 57 und 58.

[2]) Art. 17 l. c. Nel caso preveduto nella prima parte dell' articolo 58 del codice penale, rispetto al sordomuto maggiore dei ventiquattr' anni prosciolto dall' imputazione per mancanza di discernimento si procede nel modo indicato nei precedenti articoli 13 e 14 e il ricovero è fatto nello stabilimento designato dall' autorità.

durch den Präsidenten des Civilgerichts erfolgen, in dessen Bezirk die fragliche Verordnung erlassen war, und hat der Präsident auf Antrag der Betheiligten oder auch von Amtswegen vorzugehen.[1])

Nach dem oben Gesagten ist die Regel, dass der Taubstumme nicht zurechnungsfähig ist nur eine präsumtio juris, die einen Gegenbeweis zulässt, den die Staatsanwaltschaft zu führen hat, unabhängig von dem Alter der Taubstummen.

Hierzu dürfte aber nicht die Thatsache genügen, dass der Taubstumme Erziehung genossen hat, da die strafrechtliche Verantwortlichkeit erst dann als vorliegend angenommen werden kann, wenn nachgewiesen wird, dass die Erziehung des Taubstummen auch Erfolg gehabt hat.[2])

In ähnlicher Weise, wie die Geisteskrankheit, berücksichtigt das italienische Strafgesetzbuch, wie hier der Vollständigkeit halber angeführt werden möge, die Trunkenheit als Grund der Ausschliessung oder Minderung der Zurechnungsfähigkeit und ordnet an, dass die Freiheitsstrafen gegen Gewohnheitstrinker in besonderen Anstalten vollstreckt werden können. (Art. 48 Codice penale und Art. 486 des Regolamento generale.)

V. Ausbau der Irrengesetzgebung.

Einen Abschluss hat die italienische Irrengesetzgebung zur Zeit noch nicht erhalten, da wie bereits früher erwähnt, es noch an ausreichenden gesetzlichen Bestimmungen über die Pflege und die Unterbringung der Geisteskranken fehlt.

Es ist freilich dem Senat der Entwurf eines solchen Gesetzes im Februar 1893 vorgelegt worden, aber aus Mangel an Zeit und mit Rücksicht auf Erledigung anderer dringender

---

[1]) Art. 16. La revocazione del provvedimento col quale fu ordinato il ricovero . . . . del sordomuto in un istituto di educazione e di correzione secondo gli articoli . . . . e 58 del codice penale spetta al presidente del tribunale civile nel cui circondario fu dato il provvedimento stesso, che procede sull' istanza delle parti e anche d'ufficio.

[2]) Lombardi: Codice penale, Bd. 1 S. 395 f., 506 f.

Arbeiten nicht zur Berathung gelangt. Da aber zu erwarten ist, dass dieser Entwurf doch noch dem Parlament vorgelegt werden wird, glaube ich doch, dessen Inhalt im Auszuge mittheilen zu sollen, da er wichtige Grundsätze enthält.

Dieser vom Minister des Innern Giolitti im Einverständniss mit dem Justizminister Bonacci vorgelegte Entwurf zerfällt in 3 Abschnitte und 47 Artikel. Abschnitt I behandelt in Art. 1—13 die Verwahrung der Geisteskranken und den Schutz ihres Vermögens. Abschnitt II behandelt in den Art. 14—26 die Anstalten für die Unterbringung von Geisteskranken. Abschnitt III enthält in Art. 27—32 die Verpflichtung zur Einrichtung von Irrenhäusern und die Vertheilung der Kosten. Abschnitt IV behandelt in Art. 33—39 die Anstalten zur Aufnahme geisteskranker Verbrecher; Abschnitt V (Art. 40—41) und Abschnitt VI (Art. 42) treffen Bestimmungen über die staatliche Aufsicht über die Geisteskranken und die Irrenanstalten bezw. über die Strafbarkeit der Zuwiderhandlungen gegen die Bestimmungen dieses Gesetzes und Abschnitt VII enthält in den Art. 43—47 Uebergangsbestimmungen.

Für die vorliegende Besprechung interessiren nur die Abschnitte I, II, IV u. V.

Abschnitt I. Art. 1: Nach diesem Entwurf werden alle Personen, welche von Geisteskrankheit befallen und gerichtlich für gemeingefährlich oder geeignet erklärt sind, öffentliches Aergerniss zu geben, häuslicher oder Anstaltsverwahrung in besonders hierzu bestimmten Anstalten unterstellt. Dieselbe Maassregel trifft Idioten, Schwachsinnige, an Pellagra[1]) Leidende, Epileptiker, Trunksüchtige, wenn sie sich in gleichem Zustande befinden.

Art. 2. Die Verpflichtung zur Verwahrung liegt bei Eheleuten dem andern Gatten ob, bei Ascendenten dem Descendenten und umgekehrt, sowie den nächsten Seiten-

[1]) Eine in Ober-Italien häufige Hautkrankheit: mailändische Rose, die von Geistesstörungen meistens in Form der Melancholie und Paralysis, seltener in der Form der Mania und Paranoia begleitet zu sein pflegt. (Berliner klinische Wochenschrift, Jahrgang 24 S. 936.

verwandten, während dem Vormund und Nebenvormund diese Verpflichtung zufällt, wenn Minderjährige und Entmündigte in Frage kommen. Fehlt es an Personen vorgedachter Art, so tritt die Sicherheitsbehörde in Thätigkeit.

Art. 3. Indessen kann Niemand einen der voraufgeführten Kranken in Verwahrung nehmen, ohne vorher direkt oder durch Vermittelung der Sicherheitsbehörde den Fall dem Landgericht unterbreitet und die erforderliche Ermächtigung erhalten zu haben. Eine solche Ermächtigung kann nur auf Grund eines ärztlichen Attestes ertheilt werden, welches das Vorhandensein einer Geisteskrankheit und die Nothwendigkeit einer Verwahrung — in den in einem Reglement zu bestimmenden Grenzen — bescheinigt.

Art. 4. Wenn eine Person in Privatpflege genommen werden soll, so muss derjenige, welcher die Pflege übernehmen will, anzeigen, welche Maassregeln er anwenden will, um sowohl den Kranken als Andere gegen jeden Nachtheil zu schützen und um ihn zu pflegen. Erachtet das Gericht diese Maassregeln nicht für ausreichend, so ordnet es die Unterbringung in eine Irrenanstalt an.

Art. 5. Das Gericht erlässt auf Antrag der Staatsanwaltschaft in nicht öffentlicher Sitzung und nachdem es erforderlichen Falls ein oder mehrere Sachverständige gehört hat, die Verfügung, welche die vorläufige Verwahrung des Geisteskranken anordnet.

Art. 6. Die Sicherheitsbehörde kann, falls die Verfügung aus dringenden Gründen der Sicherheit des Kranken oder der Gesellschaft beantragt wird, auch ohne die vorgedachte Verfügung die vorläufige Verwahrung genehmigen falls ein ärztliches Attest vorliegt. Die Sicherheitsbehörde kann in solchem Falle auch bestimmen, ob der Kranke in der Wohnung oder in einer Anstalt verwahrt werden soll.

Art. 7. Der Geisteskranke, dessen vorläufige Verwahrung seitens des Gerichts oder der Sicherheitsbehörde angeordnet ist, wird als zur Beobachtung aufgenommen angesehen. Während der Beobachtungszeit sind die Aerzte, welche den Kranken behandeln, verpflichtet, das Gericht von dem Zustand des

Kranken in den Zeiten und der Weise zu unterrichten, welche durch das Reglement bestimmt werden, und dem Gericht alle etwa geforderten Auskünfte zu ertheilen.

Art. 8. Das Gericht erlässt in derselben Weise, wie in Art. 5 erwähnt, auf Grund der ärztlichen Atteste während der Beobachtungszeit die Verfügung zur dauernden Verwahrung oder zur Entlassung des Kranken.

Art. 9. Gleichzeitig mit der Verfügung des Gerichts oder der Anordnung der Sicherheitsbehörde, welche die vorläufige Verwahrung bestimmt, ordnen letztere nach Maassgabe der Umstände und falls keine gesetzlich verpflichtete Person vorhanden ist, Maassregeln zum vorläufigen Schutz des Vermögens des Kranken an, indem sie unverzüglich der Staatsanwaltschaft Mittheilung machen, welche anordnet, dass der Amtsrichter — eventuell durch einen Stellvertreter — die Vermögensverwaltung und die Sorge für den Kranken übernimmt.

Art. 10. Auf Beschwerde der unter a. b. c. des Artikels 2 erwähnten Personen oder jedes Bürgers gegen eine zu Unrecht aufrecht erhaltene Verwahrung kann das Gericht eine Untersuchung durch geprüfte Medicinalpersonen anordnen. Solche Untersuchung muss aber stets vorgenommen werden, wenn eine der vorgedachten Personen die Kosten trägt.

Art. 11. Nach Ablauf von 6 Monaten überreichen die behandelnden Aerzte einen Bericht über den in Verwahrung befindlichen Kranken. Wenn Anlass zur Entmündigung vorliegt und wenn auch der Antrag nicht von einer anderen Person in Gemässheit des Art. 326 des Codice civile gestellt ist, wird der Staatsanwalt auf Grund des vorgedachten Berichts und eventueller weiterer Information den bezüglichen Antrag beim Landgericht stellen.

Art. 12. Wird der Kranke geheilt oder befindet er sich in Umständen, welche nicht die Verwahrung bedingen, so muss der behandelnde Arzt dies der Staatsanwaltschaft mittheilen, damit die Wirkungen der Verwahrungs-Verfügung aufgehoben und die nach Art. 338—342 des Codice civile etwa erforderlichen Maassnahmen getroffen werden können. (Aufhebung der Entmündigung).

Art. 13. Die im Art. 2 unter a. b. c. benannten Personen haben auch, wenn es sich um ruhige, in der Wohnung verpflegte Geisteskranke handelt, die Verpflichtung, die Gerichtsbehörde direkt oder durch Vermittelung der Sicherheitsbehörde unter Beifügung aller erforderlichen Angaben zu benachrichtigen, damit dieselben nöthigen Falls die Art. 4 Absatz 2 und die Art. 9—11 vorgesehenen Maassregeln treffen kann. Hat die Ernennung eines einstweiligen Verwalters stattgefunden und sind seit der Anzeige der Krankheit sechs Monate ohne Heilung des Kranken verstrichen, findet, wenn es nach Lage des Falles nöthig ist, die Entmündigung statt.

Abschnitt II Art. 14. Die nach Maassgabe des Art. 1 eingerichteten Anstalten sollen nur eine verhältnissmässige Anzahl von Kranken aufnehmen und müssen besondere Abtheilungen als Beobachtungsstationen und solche, in denen die Kranken Beschäftigung — insbesondere mit Landarbeit — finden können, enthalten. Für die Irrenanstalten, welche selbst als Beobachtungsstationen gelten, sind solche Abtheilungen nicht obligatorisch, ebenso nicht für solche Irrenanstalten, in denen jeder Kranke gesondert wohnt. Dasselbe gilt für Krankenhausabtheilungen, in denen Geisteskranke aus anderen Stationen vorläufig untergebracht sind.

Art. 15. Niemand kann ein Irrenasyl ohne Genehmigung des Präfekten (Landraths, Regierungs-Präsidenten) nach Anhörung des Gesundheitsrathes der Provinz über die Genügung der hygienischen, irrenheilkünstlerischen und den Bedingungen dieses Gesetzes eröffnen. Dieser Bestimmung unterliegen auch Privatpersonen, welche unentgeltlich oder gegen Bezahlung zwei oder mehr Personen im Hause verpflegen wollen.

Art. 16. Jedes Irrenasyl hat einen Chefarzt, der den ganzen inneren sanitären, disciplinaren und ökonomischen Dienst leitet und für die Ausübung dieses Gesetzes verantwortlich ist. Seine Ernennung findet nach bestimmten Vorschriften statt und muss vom Präfekten genehmigt werden.

Die Ernennung der Aerzte, denen die Irrenabtheilungen der Hospitäler unterstellt sind, muss vom Präfekten genehmigt werden.

Art. 17. Ausser dem Chefarzt muss jedes Asyl das erforderliche sanitäre und Wachpersonal haben.

Art. 18. Die Aufnahme Kranker darf nur erfolgen, wenn die betreffende gerichtliche Verfügung oder sicherheitspolizeiliche Anordnung vorliegt (Art. 6), sowie ein Attest der behandelnden Aerzte aus jüngster Zeit, welches die Nothwendigkeit der Aufnahme bescheinigen muss. Der Chefarzt macht von der stattgehabten Aufnahme umgehend der Staatsanwaltschaft Mittheilung unter Beifügung der erforderlichen Angaben über Person und Zustand der Kranken.

Art. 19. Handelt es sich um eine grossjährige Person, die, ihre Geisteskrankheit kennend, ihre Aufnahme in ein Asyl nachsucht, so kann sie der Direktor nach Feststellung der Dringlichkeit und unter eigener Verantwortung in die Beobachtungs-Abtheilung vorläufig aufnehmen; muss aber hiervon innerhalb 24 Stunden der Staatsanwaltschaft und Sicherheitspolizei Mittheilung machen. Im Uebrigen findet dasselbe Verfahren statt, wie in anderen Fällen.

Art. 20. Ist der Kranke geheilt, oder seine Verwahrung nicht länger nothwendig, so theilt dies der Chefarzt gemäss Art. 12 nicht nur der Staatsanwaltschaft, sondern auch der Familie direkt oder durch den betreffenden Gemeindevorstand mit, damit die Familie für die Unterkunft des Aufgenommenen während der im Reglement bestimmten Zeit, nach welcher er von Amtswegen seiner Gemeinde zugeführt wird, sorgen kann.

Art. 21. Die Chefärzte der Asyle können versuchsweise solche Geisteskranken, welche sich derart gebessert haben, dass sie in der Wohnung verpflegt werden können, der Familie überweisen. Nach einem Probejahr wird die Entlassung endgültig. Tritt in der Probezeit ein Rückfall ein, so kann die Zurückführung auf einfaches ärztliches Attest hin erfolgen. Entlassung und Zurückführung müssen sofort der Staatsanwaltschaft angezeigt werden.

Art. 22. Wenn gegen das Gutachten des Chefarztes die Familie einen ungeheilten Kranken, der durchaus der Verwahrung und Pflege bedarf, zurücknehmen will, so muss der Antrag gemäss Art. 4 beim Landgericht angebracht werden.

Art. 23. Die Chefärzte der Irrenasyle müssen den Präfekten und Gemeindevorstehern mittheilen, ob die Geisteskranken, welche der häuslichen Pflege oder andern Hospitälern überwiesen werden können, chronische oder ruhige sind, sobald die Ueberweisung in Aussicht genommen ist.

Art. 24. Wird ein Geisteskranker aus einem Asyl in ein anderes versetzt, so geben die Chefärzte hiervon den zuständigen Staatsanwaltschaften Nachricht.

Das findet nicht statt, wenn ein Geisteskranker aus einer Klinik in ein Asyl gebracht wird, in welchem die Kranken dauernd aufgenommen werden, sobald sich dieselben in demselben Gerichtsbezirk befinden.

Art. 25. Die Vorschriften der Art. 18, 19, 20, 21, 22, 23, 24 finden auf die Abtheilungen in Hospitälern und anderen Instituten Anwendung, in denen auch nur zeitweise Geisteskranke Aufnahme finden.

Art. 26. In Orten, an welchen sich eine medizinische Fakultät befindet, unterstehen die Beobachtungsabtheilungen der Irrenanstalten oder Abtheilungen der Hospitäler, welche Geisteskranke aufnehmen, mit dem erforderlichen Dienstpersonal unmittelbar den Professoren der Irrenklinik ohne Beitragspflicht des Staates. Mit Bezug hierauf finden hinsichtlich der Kosten die Vorschriften des Gesetzes über die öffentliche Wohlthätigkeit Anwendung.

Abschnitt 4 Art. 33. Unter der Aufsicht des Ministers des Innern sind besondere Asyle eingerichtet zum Zweck der Verwahrung und Pflege:

a) für verurtheilte Verbrecher, die nach der Verurtheilung geisteskrank geworden sind,
b) für abzuurtheilende Personen, welche das Gericht in Beobachtung nehmen zu müssen glaubt, oder zum Zweck der Beobachtung,
c) für solche Personen, die gemäss Art. 46 des Strafgesetzbuchs und der entsprechenden Vorschriften des Militärstrafgesetzbuchs freigesprochen sind und nach Art. 13 und 14 der Ausführungsbestimmungen zum

Strafgesetzbuch dorthin geschickt sind, weil sie für gemeingefährlich erachtet sind,

d) für die gemäss Art. 47 des Strafgesetzbuchs und die entsprechenden Bestimmungen des Militärstrafgesetzbuchs verurtheilten Personen, wenn ihr Geisteszustand besondere Behandlung oder Pflege verlangt.

Die Kosten dieser Asyle liegen dem Staate ob.

Art. 34. Diese Asyle werden in Gemässheit des Regolamento generale und der Ausführungsbestimmungen dieses Gesetzes geleitet.

Art. 35. Die Ueberführung der Geisteskranken aus den Strafanstalten in die Asyle findet nach den Bestimmungen der gedachten Reglements statt.

Art. 36. In den Strafanstalten werden besondere Lazarethe eingerichtet, in denen die Verurtheilten, welche geisteskrank geworden sind, behufs Beobachtung, bevor sie in das Asyl übergeführt werden, und solche Geisteskranke, welche ihre Strafe bald verbüsst haben, oder welche nur vorübergehend krank und harmlos sind, aufgenommen werden.

Art. 37. Für die Verurtheilten, die unter a und d des Art. 33 erwähnt sind, bestimmt, wenn sie nach verbüsster Strafe nicht von der Geisteskrankheit geheilt sind, der Präsident des Gerichts, nach Anhörung des Chefarztes des Asyls, ob dieselben dort verbleiben oder in ein Gemeinde-Asyl gebracht, oder ihrer Familie anvertraut werden sollen. Fällt die Nothwendigkeit der Anstaltspflege fort, so hebt das Gericht die erlassene Anordnung auf.

Art. 38. Die freigesprochenen Angeschuldigten, von denen No. c des Art. 33 handelt, werden aus dem Asyl in Gemässheit des Art. 14 der Ausführungsbestimmungen zum Strafgesetzbuch nur dann entlassen, wenn nach dem Gutachten des Chefarztes bezw. anderer Irrenärzte die Entlassung ohne Gefahr erfolgen kann.

Der Art. 39 betrifft die Deckung der Kosten.

Abschnitt 5. Art. 40. Der Minister des Innern soll, abgesehen von der ihm obliegenden Aufsicht über die öffentliche

Gesundheitspflege, durch die Provinzialärzte unter Beigabe erprobter Spezialärzte die Irrenhäuser häufig inspiziren lassen.

Die in häuslicher Pflege befindlichen Geisteskranken werden von den Sanitätsbehörden der Gemeinden überwacht (Art. 41). Der Vorstand der Abtheilung für Gesundheitspflege im Ministerium des Innern hat alljährlich dem Ober-Gesundheitsrath über die Angelegenheiten der Irren-Asyle Bericht zu erstatten.

VI. Vergleich mit dem in Preussen geltenden Irrenrecht und dessen Abänderung durch das Bürgerliche Gesetzbuch.

Stellen wir dem italienischen Irrenrecht das zur Zeit in Preussen geltende gegenüber, so kommen besonders, neben den Bestimmungen des Allgemeinen Landrechts, die Preussische Vormundschafts-Ordnung vom 5. Juli 1875, das Gesetz über die Geschäftsfähigkeit der Minderjährigen vom 12. Juli 1875 und die Reichs-Civil-Prozessordnung vom 30. Januar 1877 und das Strafgesetzbuch vom 15. Mai 1871 nebst Strafprozessordnung vom 1. Februar 1877 in Betracht.

Was zunächst die Voraussetzungen für die Entmündigung anlangt, so findet sich im preussischen Irrenrecht nicht der Unterschied zwischen völliger Geisteskrankheit und geminderter Geistesfähigkeit so scharf ausgeprägt, wie im italienischen Recht. Allerdings unterscheidet das A.L.R. I, Tit. 1 § 27, 28 zwischen „Wahn-“ und „Blödsinnigen“; die Vormundschaftsordnung vom 5. Juli 1875 aber behandelt sie im § 81 vollkommen gleichmässig, und weder die Reichs-Civil-Prozessordnung noch das Strafgesetzbuch machen einen Unterschied zwischen solchen Personen, die des Verstandes gänzlich beraubt sind, und solchen, bei denen er nur getrübt ist. Beide Gesetze sprechen nur ganz allgemein von Geisteskrankheit bezw. krankhafter Störung der Geistesthätigkeit, die die freie Willensbestimmung ausschliesst, als Grund der Entmündigung oder Strafausschliessung, Ausserverfolgsetzung oder vorläufiger Einstellung des Verfahrens.[1])

---

[1]) § 593 R.-Civilprozessordnung, § 51 R.-Strafgesetzbuchs, auch § 203 R.-Strafprozessordnung.

Eine Berücksichtigung körperlicher Gebrechen findet sich, wie im italienischen Recht, so auch im Allgemeinen Landrecht, der preussischen Vormundschaftsordnung und im Strafgesetzbuch,[1]) doch führen solche nicht zur Entmündigung bezw. unbedingt zum Ausschluss der Strafverfolgung, so dass die Civilprozessordnung im Buch 6 Abschnitt 2 § 593 ff., der von der Entmündigung handelt, keine Vorschriften über ein Verfahren gegen derartige Kranken enthält.

Das Bürgerliche Gesetzbuch vom 18. August 1896 dagegen berücksichtigt im vierten Buch Titel 2 u. 3 den hervorgehobenen Unterschied, indem es für Geisteskranke die Vormundschaft, für „Geistesschwache" oder durch körperliche Gebrechen in der Verwaltung ihrer Angelegenheiten Behinderte die „Pflegschaft" einführt. (§ 1896, § 1910.)

Während im italienischen Recht im wesentlichen nur grossjährige Personen entmündigt werden können, lässt die Civilprozessordnung und auch das Bürgerliche Gesetzbuch die Entmündigung auch Minderjähriger oder sonst in juristischer Abhängigkeit befindlicher Personen ohne Einschränkung zu,[2]) und zwar weil die Entmündigungsklage den Zweck hat, die Feststellung des Status einer Person über die Herbeiführung der Bevormundung hinaus zu bewirken, wovon in einigen Gebieten, wie in Preussen, die Befugniss der Irrenanstalten zur dauernden Aufnahme eines Geisteskranken abhängt.[3])

Die Entmündigung kann auch im Gebiet des Reichsrechts nur durch das Gericht und auf Antrag erfolgen. Die Civilprozessordnung (§ 595) gewährt das Antragsrecht neben Verwandten und Ehegatten noch dem Vormund und dem Staatsanwalt; beschränkt aber das Antragsrecht gegen die Ehefrau auf den Ehemann, gegen Personen, welche unter väterlicher Gewalt oder Vormundschaft stehen, auf den Vater bezw. Vormund. Doch sind die Bestimmungen des bürgerlichen Rechts, nach welchen noch andere Personen den Antrag

---

[1]) A.L.R. I. Tit. 5 § 24, 171, Preuss. Vormundschaftsordnung § 81, St.G.B. § 58.

[2]) C.P.O. § 593, Bürgerl. Gesetzbuch I. Tit. 1 § 6.

[3]) Daudé: Entmündigungsverfahren (1882) Anm. 43 zu § 4.

stellen können, nicht aufgehoben, so dass die Bestimmung des Allg. L.R. I, Tit. 12 § 60, nach welchem auch Vertragserben diesen Antrag stellen können, noch gültig ist. Die Bestimmungen bieten also keinen wesentlichen Unterschied vom italienischen Recht.

Die materiellen Folgen der Entmündigung sind in beiden Rechten ebenfalls annähernd dieselben, da beide den wegen Geisteskrankheit Entmündigten unter Vormundschaft stellen.

Diese Seite soll aber hier weniger berührt werden, da vielmehr die formelle Seite des Irrenrechts Gegenstand der Prüfung gewesen ist.

Was das Entmündigungsverfahren selbst anlangt, so unterscheidet sich das italienische Recht von dem Reichsrecht dadurch, dass das zur Entmündigung führende Verfahren im italienischen Recht sich als ein gemischtes Verfahren insofern darstellt, als zunächst im Officialverfahren die Vorbedingungen für die Einleitung des Entmündigungsverfahrens festgestellt werden und dieses selbst alsdann ein contradiktorisches ist, während nach den Bestimmungen der Civilprozessordnung lediglich ein Officialverfahren stattfindet.

Eine Folge hiervon ist, dass, während die Bestimmungen über die örtliche Zuständigkeit des Gerichts und über die Form und den Inhalt des gestellten Antrages in beiden Rechten fast übereinstimmend sind, im italienischen Recht die Entmündigung durch ein Urtheil ausgesprochen wird, gegen welches die gewöhnlichen Rechtsmittel eingelegt werden können, während in Preussen (bezw. im Deutschen Reich) die Entmündigung durch richterlichen Beschluss erfolgt, der nur im Wege einer besonderen Klage angefochten werden kann.[1])

Von grösserer Wichtigkeit aber ist, dass das italienische Recht der Familie des zu Entmündigenden einen grösseren Einfluss auf das Verfahren einräumt, als das Reichsrecht, indem es die Befassung des Gerichts mit der Entmündigung mit von dem Gutachten des Familienraths abhängig macht. Zwar kennen sowohl das preussische Recht in der Vor-

---

[1]) R.-Civilprozessordnung § 605 ff. § 624.

mundschaftsordnung als auch das Bürgerliche Gesetzbuch das Institut des Familienraths;[1]) aber sie lassen dasselbe nur facultativ zu und räumen ihm im Entmündigungsverfahren keine Thätigkeit ein.

Die dem Familienrath beim Entmündigungsverfahren vom italienischen Recht zugewiesene Thätigkeit ist aber eine sehr gewichtige, da einerseits der Familienrath über die Nothwendigkeit der Entmündigung selbst sich zu äussern, andererseits auch für die rechtzeitige Aufhebung derselben im Fall des Wegfalls des Entmündigungsgrundes Sorge zu tragen hat.[2])

Es lässt sich nicht verkennen, dass die Familienglieder ganz besonders geeignet erscheinen, über die Ursachen der Geisteskrankheit des zu Entmündigenden, über dessen Verhältnisse und über die Gründe, welche eine Entmündigung angezeigt erscheinen lassen, Auskunft zu ertheilen. Ausserdem aber bietet auch die unter Vorsitz des Richters stattfindende Thätigkeit des Familienraths eine gewisse Garantie gegen die Geltendmachung einseitiger und eigennütziger Interessen derjenigen Personen, welche die Entmündigung betreiben bezw. aufrecht erhalten wissen wollen.

Diese Erwägungen dürften für die Nützlichkeit des Instituts im Interesse des zu Entmündigenden in erheblichem Maasse sprechen und die Frage nahelegen, ob nicht im Entmündigungsverfahren, wenigstens aber für den Fall der Entmündigung wegen Geisteskrankheit (eventuell auch für den Fall der Pflegschaftsbestellung), eine Mitwirkung von Vertretern der weiteren Familie der betreffenden Person anzustreben ist. Auch Reinärtz[3]) vertritt in seiner Schrift zur Reform des Irrenrechts den Standpunkt, dass es sich empfehle,

---

[1]) Preuss. Vormundschaftsordnung Abschn. 5 § 71 ff. Bürgerl. Gesetzbuch § 1859, 1905.

[2]) R.-Civilprozessordnung gewährt Antrags- bezw. Klagerecht in diesem Fall nur dem Entmündigten selbst, dem Vormund oder der Staatsanwaltschaft. § 616 ff., 620 ff.

[3]) v. Kirchain-Reinärtz: Zur Reform des Irrenrechts, Barmen 1892. S. 26.

in Fällen, in welchen die Handlungsfähigkeit einer Person in Frage kommt, Mitbürger desselben — gewissermaassen als Schöffen oder Geschworene — hinzuzuziehen, weil dieselben den thatsächlichen Verhältnissen des Einzelfalles viel näher stehen als der Richter, und daher ein grösseres Interesse und Verständniss für dieselben haben.

Dass dies für Mitglieder der eigenen Familie des zu Entmündigenden in noch höherem Maasse zutrifft, bedarf keiner weiteren Ausführung.

Eine für den zu Entmündigenden nachtheilige Thätigkeit seitens des Familienraths dürfte nicht zu befürchten sein, da einerseits demselben der Richter vorsitzt und andererseits die Staatsanwaltschaft Controlle übt.

Ein weiterer erheblicher Unterschied zwischen dem italienischen und Reichsrecht liegt darin, dass nach ersterem die Entmündigung durch ein Collegium, in letzterem durch einen Einzelrichter ausgesprochen wird. Wenn man erwägt, von wie grosser Bedeutung der Ausspruch der Entmündigung für das bürgerliche Leben einer Person ist, so ergeben sich nicht unerhebliche Bedenken gegen das Verfahren nach den Vorschriften der Civilprozessordnung.[1]) Dieselben können selbstverständlich im Allgemeinen nicht darauf gegründet werden, dass angenommen wird, ein Einzelrichter werde die Sachlage weniger gründlich und sorgfältig prüfen als im Collegium. Es ist sogar hervorzuheben, dass ein Einzelrichter, namentlich in kleineren Orten, in sehr vielen Fällen über die persönlichen Verhältnisse des zu Entmündigenden besser orientirt sein wird, der Insasse seines Gerichtsbezirkes ist, als dies einem Collegium von vornherein möglich sein wird. Es lässt sich aber doch nicht verkennen, dass die Verhandlung der Sache vor einem Collegium durch die Möglichkeit der Meinungsverschiedenheit einzelner Mitglieder und die sich hierdurch bietende Gelegenheit zur Diskussion grössere

---

[1]) Der Regierungsentwurf hatte „landgerichtliches contradiktorisches Verfahren“ vorgesehen. — v. Kirchenhain u. Reinärtz: Zur Reform des Irrenrechts. S. 24 ff.

Sicherheit für eine nach allen Richtungen hin erschöpfende Prüfung der Sache gewährt.

Ausserdem aber dürfte es auch der Wichtigkeit der Entmündigung, deren Wirkungen viel einschneidender sein können als die einer Ehescheidung, mehr entsprechen, wenn dieselbe von einem Collegium ausgesprochen wird. Die einem solchen etwa anfänglich mangelnde genaue Kenntniss von den persönlichen Verhältnissen des zu Entmündigenden würde durch die gutachtliche Aeusserung des Familienrathes gehoben werden können.

Eine Abänderung der Civilprozessordnung in dieser Beziehung würde aber auch eine Bestimmung bedingen, nach welcher die Vernehmung des zu Entmündigenden in der Regel künftig an Gerichtsstelle stattzufinden hat, wie dies auch im italienischen Gesetz vorgeschrieben ist, da die Vernehmung des zu Entmündigenden durch das erkennende Gericht an seinem Wohnsitz, wie dies in Preussen stattfindet,[1]) — falls sie nicht durch einen ersuchten Richter erfolgen soll — seitens eines Collegium nur mit grossen Schwierigkeiten zu bewirken wäre.

Gegen die Vernehmung des Geisteskranken an Gerichtsstelle sind bei der Berathung der Civilprozessordnung freilich von ärztlicher Seite erhebliche Bedenken geltend gemacht und auch später in einem Reskript des Herrn Ministers der geistlichen Angelegenheiten etc. vom 25. Oktober 1884 ausgesprochen[2]) worden. Diesen Bedenken, welche einerseits darauf hingehen, dass die Orts-Veränderung, der der Kranke sich unterziehen müsste, schädlich für denselben sein würde, und dass andrerseits der Arzt an Gerichtsstelle — mit Rücksicht auf den dort vorhandenen Verkehr — kein so gründliches Gutachten abgeben könne, als wenn die Vernehmung an einem ruhigeren Ort erfolge, könnte in der Praxis sehr

[1]) Die Civilprozessordnung enthält eine Bestimmung über den Ort, in welchem der zu Entmündigende vernommen werden soll, nicht, die preussische Praxis beruht im Wesentlichen auf ministeriellen Anordnungen.

[2]) Daudé, Entmündigung. S. 46, 47.

wohl dadurch ausreichend Rechnung getragen werden, dass der als Sachverständiger zu vernehmende Arzt, auf Grund der ihm nach dem Ministerialreskript vom 27. November 1891[1]) obliegenden Vorbesuche, sich äussert, ob die Vernehmung des Kranken ohne Gefahr für denselben an Gerichtsstelle erfolgen kann oder nicht.

Für die Einführung der vorgedachten Bestimmung spricht aber auch Folgendes. Man kann sich nicht verhehlen, dass eine Vernehmung des Kranken in allen Fällen, also auch wenn die Gerichtskommission in der Wohnung oder der Heilanstalt, in welcher derselbe sich befindet, erscheint, nicht ohne Aufregung für den Kranken bleiben wird. Es ist nicht abzusehen, warum die Aufregung, wenn seine Vernehmung an Gerichtsstelle eine erheblichere sein und besondere Nachtheile für ihn im Gefolge haben soll; während andererseits nicht verkannt werden kann, dass der persönliche Eindruck, welchen der Kranke auf das erkennende Gericht machen wird, von grösster Erheblichkeit für dasselbe sein muss.

Handelt es sich übrigens, wie es bei Entmündigungen vorzugsweise der Fall sein wird, um voraussichtlich unheilbare Geisteskranke, so kann die Gefahr einer etwaigen Verschlimmerung des Krankheitszustandes, gegenüber den Vortheilen, welche die Vernehmung des Geisteskranken an Gerichtsstelle bietet, keine ausschliessliche Berücksichtigung verlangen.

Die Sorge endlich, dass die Sachverständigen an Gerichtsstelle nicht mit der erforderlichen ungetheilten Aufmerksamkeit vorgehen würden, dürfte durch die Vorschrift, dass die Vernehmung in nicht öffentlicher Sitzung erfolgt,[2]) beseitigt sein.

Hier ist auch der Ort, die auffallende Erscheinung näher zu prüfen, dass der Codice della procedura civile keine Vorschrift über die Zuziehung von Sachverständigen zu der Vernehmung des zu Entmündigenden enthält, während die Civilprozessordnung gerade die Zuziehung von Sachverständigen als unerlässlich ansieht.[3])

---

1) J.M.Bl. 1891, S. 358 f.

2) § 172 des Gerichts-Verfassungsgesetzes.

3) R.-Civilprozessordnung § 599.

Es lässt sich nicht verkennen, dass die Bestimmungen, die in dieser Beziehung zur Zeit in Preussen gelten, durchaus praktisch sind, und dass die Zuziehung von Aerzten — speziell von Physicis und Irrenärzten —[1]) bei der häufigen Schwierigkeit für einen Laien, wie der Richter in der Regel in dieser Beziehung sein wird, den krankhaften Geisteszustand eines Menschen sicher zu beurtheilen, im Entmündigungsverfahren nothwendig ist. Ein Mangel aber kann trotzdem in dem Fehlen der gedachten Vorschrift im italienischen Recht kaum gefunden werden, da es dem Gericht unbenommen ist, sich aller möglichen Beweismittel zur Ergründung der Wahrheit zu bedienen, und die Praxis darin einig ist, dass es zur Information des Gerichts der Anhörung von Sachverständigen bedarf.

Trägt der italienische Gesetzgeber einerseits dem Interesse der Familie durch Bestellung und Hörung des Familienrathes in weiterem Umfange Rechnung als die Civilprozessordnung, so findet auch die Wahrung des öffentlichen Interesses in demselben in grösserem Umfange statt, da der Staatsanwaltschaft dort eine umfangreichere Betheiligung bei dem Entmündigungsverfahren eingeräumt ist als im Reichsrecht.

Während hier die Staatsanwaltschaft im wesentlichen nur die Befugniss hat, das Verfahren durch Stellung von Anträgen zu betreiben, und ihr zu diesem Behufe die Aufnahme Geisteskranker in Irrenanstalten, die im Entmündigungsverfahren ergangenen gerichtlichen Beschlüsse und die Vernehmungstermine mitgetheilt werden müssen,[2]) ist im italieni-

---

[1]) Dr. Erlemeyer: Irrenwesen in Eulenburg, Handbuch des öff. Gesundheitswesens II. S. 170—171.

[2]) R.-Civilprozessordnung § 597, 602. — cfr. für Preussen: Rönne, Ergänzungen Bd. 3 S. 511; Reskript v. 29. 9. 1803; Kabinetsordre v. 5. 4. 1804; Reskript des Min. d. Inn. v. 12. 3. 34; Circ.-Verf. v. 16. 2. 39; Reskript v. 4. 3. 39 (J.M.Bl. S. 122); Reskript v. 3. 2. 40 (J.M.Bl. S. 69); Reskript des Min. d. Inn. v. 13. 5. 50 (M.Bl. f. inn. Verwalt. S. 167); Allerhöchste Ordre v. 8. 3. 73; Min.-Verf. v. 27. 3. 73; Circular der Min. d. Inn. und der geistl. Angelegenheiten v. 6. 12. 79 (M.Bl. f. inn. Verwalt. S. 6); Allg. Verf. d. Just.-Min. v. 10. 2. 88 (J.M.Bl. S. 28).

schen Recht die Mitwirkung des Staatsanwalts bei der Einleitung des Verfahrens und bei der Vernehmung des zu Entmündigenden obligatorisch.[1])

Seine Thätigkeit ist auch, abgesehen von seiner Mitwirkung bei der Einlegung von Rechtsmitteln und der Wiederaufhebung der Entmündigung, keineswegs mit der Thatsache der Entmündigung beendet: vielmehr hat er nicht nur für die Publikation des rechtskräftigen Urtheils Sorge zu tragen, sondern wird auch durch jährliche Berichte über die Thätigkeit des Familienraths unterrichtet und kann diesen selbst zusammenrufen.

Während in Preussen, abgesehen von der Thätigkeit der Staatsanwaltschaft bei der Anfechtungs- und Wiederaufhebungsklage, die Betheiligung der Staatsanwaltschaft am Entmündigungsverfahren mit der Entmündigung beendigt ist, hat der Staatsanwalt nach italienischem Gesetz sowohl das Recht als die Pflicht, auch die Vormundschaft über den Entmündigten und die Nothwendigkeit der Dauer der Entmündigung zu beaufsichtigen.

Hierin, sowie in der obligatorischen Theilnahme des Staatsanwalts an den Berathungen und dem Vernehmungstermin liegt zweifelsohne eine ausserordentlich starke Garantie dafür, dass Entmündigungen nicht lediglich aus Privatrücksichten betrieben werden und der Zustand der Entmündigung über die Nothwendigkeit hinaus ausgedehnt werden kann.

Mit Rücksicht auf den grösseren Schutz, den die Interessen des Geisteskranken hierdurch finden, dürfte auch im Gebiet des Reichsrechts die gleiche Ausdehnung der staatsanwaltlichen Thätigkeit beim Entmündigungsverfahren sich nicht von der Hand weisen lassen.

Auch die vom italienischen Gesetz vorgeschriebene, in Preussen allerdings auch nicht verbotene, Bekanntmachung des rechtskräftigen Entmündigungsurtheils erscheint nachahmungswerth.

Das für die Nichtaufnahme einer entsprechenden Be-

---

[1]) cfr. Daudé: Entmündigung S. 43.

stimmung in die Civilprozessordnung von ärztlicher Seite geltend gemachte Bedenken, dass die Publikation nachtheilig auf den Entmündigten wirken könne,[1]) erscheint gegenüber dem unleugbaren Nutzen, den sie für die Zwecke der Sicherung des Vermögens des Entmündigten bietet, nicht erheblich, zumal letzterer in den seltensten Fällen die Publikation zu Gesicht bekommen oder verstehen wird.

Die Gefahr für den Entmündigten würde sich auch noch verringern, wenn die Publikation nicht in öffentlichen Blättern, sondern, wie in Italien, lediglich durch Aushang an Gerichtsstelle bewirkt wird.

Ausser den hervorgehobenen Unterschieden und denen, welche sich aus dem verschiedenen Charakter des Verfahrens im italienischen und bezw. Reichsrecht ergeben, bieten die Vorschriften beider Gesetzgebungen keine erheblichen Verschiedenheiten. Hervorzuheben ist nur noch, dass der contradictorische Charakter des Entmündigungsverfahrens in Italien unbedenklich dem zu Entmündigenden eine bessere Stellung anweist, als sie der Provokat nach der Civilprozessordnung hat.

Abgesehen davon, dass der zu Entmündigende nach italienischem Recht als Partei auftritt und sich deshalb besser vertheidigen kann, als dies dem Provokaten im Gebiet der Civilprozessordnung möglich ist, erscheint er auch bezüglich der Anfechtung der Entmündigung bedeutend bevorzugt durch die Gewährung der ordentlichen Rechtsmittel an Stelle einer besonderen Klage, deren Anstellung immerhin zeitraubend und mit Schwierigkeiten verknüpft ist.[2])

Aus diesen Erwägungen würde es sich bei einer Neuregelung der Irrengesetzgebung empfehlen, die Entmündigung durch ein Collegialgericht in einem contradictorischen Verfahren unter Zuziehung der Familienmitglieder in Form des Familienraths vornehmen zu lassen, die Mitwirkung der Staatsanwaltschaft zu einer obligatorischen zu machen, wie im italienischen Recht, und der Staatsanwaltschaft auch die Ueberwachung der Entmündigten zu überweisen.

---

[1]) Daudé: Entmündigung S. 66.

[2]) R.-Civilprozessordnung § 605 ff.

Solche Maassregeln dürften geeignet erscheinen, grössere Garantieen als bisher dafür zu bieten, dass die Interessen der Entmündigten, insbesondere auch nach der Richtung der rechtzeitigen Wiederaufhebung der Entmündigung hin, gewahrt werden. Um dem Verfahren die möglichste Beschleunigung zu wahren, müssten die Entmündigungssachen auch für Feriensachen erklärt werden.

Was die Frage anlangt, ob diejenigen Geisteskranken, welche ihrer Vernunft nicht völlig beraubt, nur in ihrer Geschäftsfähigkeit zu beschränken sind, so hat sich sowohl das Allgemeine Landrecht, als die Preussische Vormundschaftsordnung und auch das Bürgerliche Gesetzbuch im Prinzip gegen eine derartige Behandlung der Geisteskranken ausgesprochen. Indessen macht das Allgemeine Landrecht thatsächlich doch hinsichtlich der Geschäftsfähigkeit einen Unterschied zwischen „Wahn-“ und „Blöd“sinnigen, und auch das Bürgerliche Gesetzbuch will Personen, welche aus Geistesschwäche zu bestimmten Rechtsgeschäften unfähig sind, nur einen Pfleger bestellen.[1])

Wenn daher das preussische und Reichsrecht auch nicht das Institut der „inabilitazione“ kennt, so vernachlässigt es doch thatsächlich nicht völlig den Unterschied, der zwischen dem Geisteszustand und der Willensthätigkeit eines völlig Geisteskranken und eines nur Geistesschwachen besteht. Hinsichtlich einer Pflegschaftsbestellung dürfte dasselbe Verfahren wie bei der Entmündigung stattzufinden haben. Dies gilt auch für die Entmündigung wegen Verschwendung.

Bietet das italienische Recht auf dem Gebiet des Civilrechts nicht unerhebliche Vorzüge vor dem hiesigen Verfahren, so dürften solche noch mehr im Gebiete des Strafrechts sich finden.

Schon die Bestimmung, dass eine nur geminderte Zurechnungsfähigkeit nicht als Strafausschliessungsgrund, sondern

---

[1]) A.L.R. I. 1. §§. 27, 28; 4. §§. 20 ff., an deren Stelle das Preuss. Gesetz v. 12. 7. 95 über die Geschäftsfähigkeit Minderjähriger etc. getreten ist; Bürgerliches Gesetzbuch §§. 104 ff.

nur als Strafmilderungsgrund Berücksichtigung finden soll, erscheint im Interesse der Strafverfolgung sehr nützlich. Diese Bestimmung bietet die Möglichkeit, Personen, die an epileptischen Krämpfen, an Monomanie und dergl. leiden, im übrigen aber geistig gesund sind, zur Strafe zu ziehen und dadurch die Gesellschaft wirksam gegen ihre Ausschreitungen zu schützen. Wichtiger aber ist die dem Strafrichter beigelegte Befugniss, zu verhindern, dass geisteskranke Verbrecher auf freiem Fusse bleiben. Allerdings gewähren auch die in Preussen geltenden Bestimmungen die Möglichkeit, derartige Personen, gegen welche das Verfahren „wegen Geisteskrankheit" eingestellt ist, oder die dieserhalb ausser Verfolgung gesetzt bezw. freigesprochen sind, durch Vermittelung der Polizeibehörde im Irrenhaus unterzubringen. Die bezüglichen Bestimmungen beziehen sich aber nur auf den Fall, dass die betreffenden Personen sich in Haft befunden haben. Auch in solchen Fällen ist sogar der Erfolg noch immer ein zweifelhafter, da einerseits aus den zur Verwahrung solcher Kranken nicht eingerichteten Anstalten wiederholt Entweichungen stattfinden, andererseits aber auch häufig wegen eingetretener Besserung oder Heilung Entlassungen stattfinden, ohne dass eine vorherige Verständigung mit der Strafverfolgungsbehörde stattfindet.[1])

Bei denjenigen Verbrechern, welche wegen Geisteskrankheit strafrechtlich nicht verfolgt werden können und sich auf freiem Fusse befinden, bietet die Verbringung in eine Irrenanstalt noch grössere Schwierigkeiten, da die Anstaltsärzte nicht immer geneigt sind, den Gutachten der gerichtlichen Sachverständigen beizustimmen.

---

[1]) Die Bestimmung der No. 12 des Circulars des Ministers des Innern vom 20. 9. 95 (Ministerialblatt für die innere Verwaltung 1895 S. 271ff.), nach welcher gemeingefährliche Geisteskranke nur unter Zustimmung der Polizeibehörde des künftigen Aufenthaltsortes und falls für sichere Ueberführung gesorgt ist, zu entlassen sind, ist zur Abstellung dieses Uebelstandes nicht ausreichend, da sie die Interessen der Strafverfolgung nicht berücksichtigt.

Allg. Verf. vom 25. 10. 82 J.M.Bl. S. 325. Circular-Verf. vom 20. 12. 86. cfr. Müller: Preuss. Justizververwaltung B. II. S. 925.

Im italienischen Strafrecht giebt es diese Schwierigkeit nicht. Der erkennende Richter hat, sowohl in den Fällen völliger Geistesumnachtung, als bei nur geminderter Zurechnungsfähigkeit des Verbrechers — sei derselbe in Haft oder auf freiem Fuss — die Befugniss, mit dem freisprechenden oder zu geringerer Strafe verurtheilenden Erkenntniss auch die Ueberweisung des Verbrechers an die Sicherheitsbehörde behufs Unterbringung in eine Irrenanstalt anzuordnen.

Mit Rücksicht auf die Ausführungsvorschriften, welche hierzu gegeben sind, ist auch nicht zu befürchten, dass seitens des Strafrichters mit vorgedachter Befugniss ein Missbrauch irgend welcher Art getrieben werden kann.

In Anbetracht der grossen Vortheile, welche diese Bestimmungen des italienischen Strafrechts für die Strafverfolgung und den Schutz der Staatsbürger gegen Ausschreitungen verbrecherischer Geisteskranker bieten, erscheint die Einfügung von Bestimmungen, die dem Art. 46 ff. des Codice penale entsprechen, in die deutsche Strafgesetzgebung sehr wünschenswerth.[1])

Die in den verschiedenen über diesen Punkt in Preussen erlassenen ministeriellen Verfügungen enthaltenen Bestimmungen[2]) und die Vorschriften der No. 81 f. der Strafprozessordnung, nach welcher die Ueberführung eines Angeschuldigten in eine Irrenanstalt zwecks Untersuchung seines Geisteszustandes auf Beschluss des Gerichtes zulässig ist, erscheinen nämlich nicht ausreichend, um den erwähnten Zweck zu sichern. Einmal finden sie zum grössten Theil nur auf in Haft befindliche Angeschuldigte Anwendung; sodann aber gewähren sie auch nur die Möglichkeit einer vorläufigen und probeweisen Unterbringung in eine Irrenanstalt, ohne eine ausreichende Handhabe für die dauernde Unterbringung des betreffenden Verbrechers in solche Anstalt und nachhaltigen Schutz der Gesellschaft zu gewähren. Bedenken gegen Ertheilung einer solchen Gewalt an den Straf-

---

[1]) § 81 ff. Reichsstrafprozessordnung, cfr. S. 53 ff.

[2]) Allgem.Verf. vom 25. October 1882. J.M.Bl. 325; Circular-Verf. vom 20. Dezember 1886. — Müller: preuss. Justiz-Verwaltung Bd. I S. 1054, Bd. II S. 925.

richter, wie sie das italienische Gesetz gewährt, können eigentlich nicht wohl geltend gemacht werden, da es naturgemäss erscheint, wenn dem Richter, der über die Zurechnungsfähigkeit, Schuld und Strafe zu erkennen hat, auch die Befugniss ertheilt wird, die Mittel behufs Unschädlichmachung der Verbrecher anzuordnen und zur Anwendung zu bringen. Dies erscheint um so weniger bedenklich als § 56 Strafgesetzbuchs bezüglich der jugendlichen Verbrecher dem Richter eine ähnliche Befugniss zuspricht. Hierzu kommt, dass es sich, abgesehen von der Verurtheilung Geistesschwacher, zunächst immer nur um Anordnung vorläufiger Maassnahmen handeln würde, deren eventuelle Genehmigung Sache des zuständigen Civilgerichts wäre.

Mit Rücksicht auf den Wortlaut der § 51 Reichsstrafgesetzbuchs würde ich nicht einmal die Einführung besonderer Bestimmungen, durch welche die nur verminderte Zurechnungsfähigkeit berücksichtigt wird, für erforderlich halten, wenn dem Strafrichter für die im § 51 l. c. vorgesehenen Fälle eine analoge Befugniss gegeben wird, wie sie der italienische Richter auf Grund des Art. 46 des Codice penale und der bezüglichen Ausführungsbestimmungen erhalten hat.

Die richterliche Anordnung, durch welche ein wegen Geisteskrankheit oder sonstiger Unzurechnungsfähigkeit strafloser Verbrecher wegen seiner Gemeingefährlichkeit der Sicherheitsbehörde behufs Unterbringung in eine Irrenanstalt überwiesen wird, müsste von den betreffenden Anstalten ohne Weiteres befolgt werden, da es sich zunächst nur um Beobachtungszwecke handeln würde, und die Entlassung der betreffenden Personen könnte nicht, wie jetzt, ohne Vorwissen der richterlichen Behörden stattfinden.

Damit diese Maassregeln auch wirksam sein könnten, erscheint die Unterbringung geisteskranker Verbrecher, sei es zur Beobachtung oder zur Abbüssung der Strafe, wenn die Geisteskrankheit nach der Verurtheilung eingetreten ist, oder auch, um dieselben unschädlich zu machen, in besonderen, der Controlle der Gerichte unterstellten Anstalten geboten.

Die Frage nach der Nothwendigkeit solcher Anstalten

ist eine viel umstrittene,[1]) doch hat die italienische Gesetzgebung sich entschieden dafür ausgesprochen, für geisteskranke Verbrechen besondere Irrenanstalten einzurichten.

Dies erscheint auch praktisch, weil andere Anstalten nicht die gehörige Sicherheit gegen Entweichungen bieten, wie die tägliche Erfahrung lehrt, weil sie besonderer Einrichtung für die Unterbringung von Verbrechern entbehren und nicht das genügende Wachpersonal besitzen; andrerseits aber auch durch Unterbringung geisteskranker Verbrecher zusammen mit anderen Irren bezw. mit anderen Gefangenen der Dienst in Irrenhäusern erschwert werden würde.[2])

Es sind denn auch in verschiedenen Ländern derartige besondere Anstalten eingerichtet, wie z. B. in England, Irland, Amerika, während andere besondere Irrenabtheilungen bei grösseren Gefängnissanstalten eingerichtet haben, wie dies auch in Preussen wenigstens bezüglich solcher Personen, welche nach ihrer Verurtheilung und während der Strafverbüssung geisteskrank geworden sind, bei der Strafanstalt in Moabit geschehen ist.

C. Schlussbetrachtung.

Fasse ich das Vorgesagte zusammen, so erscheint auf dem Gebiet des Civilrechts das italienische Gesetz insofern geeigneter, die Freiheit der Staatsbürger gegen Beeinträchtigung durch unbegründete Entmündigung oder zu lange Dauer der Entmündigung zu schützen, als das in Preussen geltende, als jenes das Entmündigungsverfahren einem Collegialgericht überweist, das Verfahren selbst zum grossen Theil ein contradiktorisches ist, das Laienelement in Gestalt des Familienraths

---

[1]) Dr. Knecht: Gefängnisswesen in Eulenburg: Handbuch des öffentlichen Gesundheitswesens Bd. I S. 673 ff., und Dr. Erlenmeyer: Irrenwesen, ebenda Bd. II S. 159 ff.

[2]) Eulenburg: Handbuch des öffentlichen Gesundheitswesens I. S. 673 ff. — Dr. Knecht: Gefängnisswesen II. S. 159 ff. — Erlenmeyer: Irrenrecht.

hinzugezogen wird und der Staatsanwaltschaft ein weitergehender Einfluss, namentlich durch die Controlle über den Entmündigten und die Thätigkeit des Familienraths gewährt ist.[1])

Was das strafrechtliche Gebiet anlangt, so bieten die angezogenen Bestimmungen des Codice penale und der Ausführungsgesetze zweifellos eine bessere Handhabe zur Beseitigung der Gefahren, welche der Gesellschaft seitens freigesprochener oder ausser Verfolgung gesetzter geisteskranker Verbrecher drohen, als die Strafprozessordnung und die einschlägigen ministeriellen Verfügungen.[2])

Es würde sich daher bei Erlass eines Irrengesetzes, bei dessen Abfassung die Grundsätze des auf Seite 64 ff. erwähnten italienischen Projekts Berücksichtigung verdienen dürften,[3]) empfehlen, auch die Abänderung der Civilprozessordnung und des Strafgesetzbuches nach den oben angedeuteten Richtungen hin ins Auge zufassen.

Dies erscheint erforderlich, damit der Zweck eines solchen Gesetzes, sowohl die Geisteskranken selbst zu schützen und

---

[1]) Die Unterbringung Geisteskranker in Irrenanstalten ist in Preussen durch eine Reihe von Verordnungen des Ministers des Innern: nämlich vom 19. 1. 88 und 17. 6. 74 (M.Bl. für innere Verwaltung S. 39 ff.), vom 7. 12. 89 (M.Bl. für innere Verwaltung 1890 S. 9 f.), vom 2. 2. 94 (M.Bl. für innere Verwaltung S. 32) und endlich durch Circular-Verfügung vom 20. 9. 95 (M.Bl. für innere Verwaltung S. 271) geregelt. Dieselben bieten mit Rücksicht darauf, dass die Staatsanwaltschaft von der Aufnahme Geisteskranker in Kenntniss gesetzt werden muss, zwar einige Sicherheit für den Schutz der persönlichen Freiheit der Aufgenommenen und wahren durch die gebotene Möglichkeit, gemeingefährliche Personen durch die Polizei auf Grund eines ärztlichen Attestes in ein Irrenhaus einliefern zu können, auch das öffentliche Interesse; bieten jedoch in ersterer Beziehung nicht jede wünschenswerthe Gewähr.

[2]) cfr. oben. Eine in Aussicht genommene Weisung des Ministers des Innern an die landespolizeilichen Behörden, zur Verhütung von Entweichungen geisteskranker Verbrecher, scheint bisher nicht erlassen worden zu sein, da es mir nicht gelungen ist, dieselbe in dem Ministerialblatt für innere Verwaltung 1886—1896 aufzufinden: die Circ.Verf. v. 20. 9. 95 dient diesem Zweck nicht.

[3]) cfr. besonders: Art. 1—13; 15—22; 33—40 auf S. 64 ff; 67 ff.

zu hindern, dass geistesgesunde Personen als geisteskrank entmündigt und in Irrenanstalten gebracht, beziehungsweise festgehalten werden, als auch die Gesellschaft gegen verbrecherische Neigungen geisteskranker oder auch nur geistesschwacher Personen nach Möglichkeit zu sichern, in vollem Umfang erreicht werden kann.[1])

Im Einzelnen dürften sich nun nach dem Gesagten neben der Einführung von gerichtlichen Irrenhäusern für geisteskranke Verbrecher nach italienischem Muster folgende Abänderungen der in Preussen geltenden landes- bezw. der reichsgesetzlichen Bestimmungen vorschlagen lassen.

I. Für den Fall eines vor dem Inkrafttreten des Bürgerlichen Gesetzbuches zu erlassenden preussischen Irrengesetzes:

An Stelle der bisherigen Fassung der No. 71, 72 und 75 treten folgende Bestimmungen:

No. 71. Ein Familienrath ist zu bilden:

1. wenn der Vater oder die Mutter des Mündels nach Maassgabe der in § 17 für die Berufung eines Vormundes gegebenen Vorschriften die Bildung angeordnet hat,
2. wenn die Personen, welche mit dem Mündel bis zum dritten Grade verwandt oder verschwägert sind, die Bildung beantragen,
3. wenn der Vormund oder Gegenvormund die Bildung beantragen,
4. wenn der Antrag auf Entmündigung einer Person wegen Geisteskrankheit oder Verschwendung beim Prozessgericht gestellt ist.

Die Bildung eines Familienraths unterbleibt, wenn sie von dem Vater oder der Mutter nach Maassgabe der Vorschriften des § 17 untersagt ist. Für den Fall der No. 4 dieses Paragraphen kann die Bildung eines Familienraths indessen nicht verboten werden. Zum Eintritt in den Familien-

[1]) cfr. auch Erlenmeyer l. c., der auf den Zusammenhang einer guten Irrenfürsorge mit dem Nationalwohlstand überzeugend hinweist.

rath kann, ausgenommen in dem unter No. 4 vorgesehenen Falle, Niemand gezwungen werden.

No. 72. Der Familienrath wird aus dem Vormundschaftsrichter als Vorsitzenden und aus Verwandten oder Verschwägerten des Mündels bezw. des zu Entmündigenden gebildet. Andere Personen können in denselben berufen werden

1. durch den Vater oder die Mutter nach Maassgabe der Vorschriften des § 17,
2. durch Beschluss eines bestehenden Familienraths.

Nur männliche Personen, welche zur Führung der Vormundschaft gesetzlich fähig sind, können Mitglieder des Familienraths werden. Im Falle des No. 4 des § 71 sind die Antragsteller gesetzlich unfähig, Mitglieder des Familienraths zu sein.

Die Giltigkeit der Bestellung gesetzlich unfähiger Mitglieder ist nach den Vorschriften der §§ 25 und 62 zu beurtheilen.

Der Gegenvormund kann zugleich Mitglied des Familienraths sein.

Die Zahl der Mitglieder beträgt höchstens sechs.

§ 75. Der Familienrath hat die Rechte und Pflichten des Vormundschaftsgerichts: es liegt ihm insbesondere ob, im Falle der No. 4 des § 71 darüber zu wachen, ob die Entmündigungsursache fortdauert oder aufgehört hat zu bestehen, und über den Zustand des Entmündigten alljährlich, wenn aber eine Besserung des wegen Geisteskrankheit Entmündigten eintritt, alsbald der Staatsanwaltschaft zu berichten, damit geeigneten Falls die Wiederaufhebung der Entmündigung rechtzeitig veranlasst werden kann.

II. Für den Fall, dass ein neues Irrengesetz erst mit dem Inkrafttreten des Bürgerlichen Gesetzbuches eingeführt werden soll, erscheinen für letzteres nachstehende Abänderungen und Zusätze wünschenswerth:

1. hinter § 1859 wird ein § 1859a eingeschoben, welcher lautet:

§ 1859a. Ein Familienrath soll von dem Vormundschaftsgericht eingesetzt werden, wenn bei dem Prozessgericht der Antrag auf Entmündigung (§ 6) eines Minderjährigen gestellt ist. Für diesen Fall kann die Einsetzung eines Familienraths seitens des Vaters oder der ehelichen Mutter des Kindes nicht untersagt werden und findet deshalb die Bestimmung des § 1858 Absatz 2 auf diesen Fall nicht Anwendung. Fehlt es an der erforderlichen Zahl geeigneter Personen (§ 1858 Absatz 3), so finden die Bestimmungen der §§ 1862, 1864 über die Wahl bezw. Bestellung eines Ersatzmitgliedes entsprechende Anwendung. Das zu bestellende Mitglied ist, wenn möglich, aus der Zahl solcher Personen, die der Familie des zu Entmündigenden befreundet waren, zu wählen.

2. An Stelle der bisherigen Fassung des § 1865 tritt folgende Fassung:

§ 1865. Zum Mitglied des Familienraths kann nicht bestellt werden: 1. wer geschäftsunfähig oder wegen Geistesschwäche, Verschwendung oder Trunksucht entmündigt ist, 2. wer den Antrag auf die Entmündigung der Person, für welche der Familienrath bestellt werden soll, gestellt hat.

3. Der § 1869 erhält nachstehende Fassung.

§ 1869. Mit Ausnahme des im § 1859a vorgesehenen Falles ist Niemand verpflichtet, das Amt eines Mitgliedes des Familienraths zu übernehmen.

4. Für den § 1872 würde ich folgende Fassung vorschlagen:

§ 1872. Der Familienrath hat die Rechte und Pflichten des Vormundschaftsgerichts. Die Leitung der Geschäfte liegt dem Vorsitzenden ob. Die Mitglieder des Familienraths können ihr Amt nur persönlich ausüben. Sie sind in gleicher Weise verantwortlich wie der Vormundschaftsrichter.

Im Falle des § 1859a liegt dem Familienrath besonders die Pflicht ob, darüber zu wachen, ob die Gründe, welche zur Entmündigung wegen Geisteskrankheit geführt haben, noch fortdauern oder zu bestehen aufgehört haben. Der Familienrath hat über den Zustand des Entmündigten mindestens alljährlich, falls aber eine Besserung im Zustande des Geisteskranken eingetreten ist alsbald, der Staatsanwaltschaft Bericht zu erstatten, damit die Wiederaufhebung der Entmündigung geeigneten Falls veranlasst werden kann.

5. Hinter § 1905 würde sich die Einschiebung eines § 1905a mit folgendem Wortlaut empfehlen:

§ 1905a. Einem Volljährigen, dessen Entmündigung (§ 6) beantragt ist, soll vom Vormundschaftsgericht nach Maassgabe der § 1859a gegebenen Bestimmungen ein Familienrath bestellt werden.

Auf denselben finden die für die Zusammensetzung, Berufung, Rechte und Pflichten des Familienraths für Minderjährige im Abschnitt 6 des 1. Titels Abschnitt III Buch IV gegebenen Vorschriften entsprechende Anwendung (insbesondere die §§ 1859a, 1865, 1869).

6. Schliesslich würde ich für den § 1910 nachstehende Fassung vorschlagen.

§ 1910. Ein Volljähriger, der nicht unter Vormundschaft steht, kann einen Pfleger für seine Person und sein Vermögen erhalten, wenn er in Folge körperlicher Gebrechen, insbesondere weil er taub, blind oder stumm ist, seine Angelegenheiten nicht zu besorgen vermag.

Vermag ein Volljähriger, der nicht unter Vormundschaft steht, in Folge geistiger oder körperlicher Gebrechen einzelne seiner Angelegenheiten, insbesondere seiner Vermögensangelegenheiten nicht zu besorgen, so kann er für diese Angelegenheiten einen Pfleger erhalten.

Die Pflegschaft darf nur mit Einwilligung des Gebrechlichen angeordnet werden, es sei denn, dass eine Verständigung mit ihm nicht möglich ist.

Für den Fall der Einsetzung einer Pflegschaft in den in diesem Paragraphen gedachten Fällen ist vom Vormundschaftsgericht ein Familienrath zu bestellen, auf dessen Zusammensetzung, Thätigkeit, Rechte und Pflichten die Bestimmungen des § 1905a entsprechende Anwendung finden.

III. Der Abschnitt 2 des 6. Buches der Civilprozessordnung vom 30. Januar 1877 würde vollkommen umgestaltet werden müssen und sich vielleicht nachstehende Fassung empfehlen:

Verfahren in Entmündigungs- und Pflegschaftssachen.

§ 593. Eine Person kann als geisteskrank (wahnsinnig,

blödsinnig), Verschwender oder Trinker (§ 6 Bürgerl. Gesetzbuch) nur durch richterliches Urtheil entmündigt werden.

Für einen Volljährigen, der körperlich oder geistig gebrechlich ist (§ 1910 Bürgerl. Gesetzbuch) kann eine Pflegschaft nur durch richterliches Urtheil bestellt werden.

Das Verfahren wird nur auf Antrag eingeleitet.

§ 594. Das Landgericht, in dessen Bezirk der zu Entmündigende oder unter Pflegschaft zu Stellende seinen allgemeinen Gerichtsstand hat, ist ausschliesslich zuständig.

Gegen einen Deutschen, welcher seinen Wohnsitz im Auslande hat, kann der Antrag bei dem Landgericht gestellt werden, in dessen Bezirk sein letzter Wohnsitz im Deutschen Reich belegen war.

§ 595. Der Antrag auf Entmündigung kann von dem Ehegatten, einem Verwandten oder dem Vormund des zu Entmündigenden gestellt werden. Der Antrag auf Bestellung einer Pflegschaft kann auch von der Person, für welche die Pflegschaft bestellt werden soll, selbst gestellt werden. Gegen eine Ehefrau kann nur von dem Ehemann, gegen eine Person, welche unter väterlicher Gewalt oder unter Vormundschaft steht, nur von dem Vater oder dem Vormund der Antrag auf Entmündigung gestellt werden. Die Berechtigung zur Antragstellung auf Bestellung einer Pflegschaft ist entsprechend beschränkt.

Der Staatsanwalt ist zur Stellung des Antrages auf Entmündigung und Pflegschaftsbestellung gleichfalls berechtigt. Falls es sich um wegen Geisteskrankheit oder sonstiger Unzurechnungsfähigkeit nicht strafbare Verbrecher handelt (§ 51 Reichs-Strafgesetzbuch), muss der Staatsanwalt von Amtswegen die Entmündigung betreiben.

Die Bestimmungen des bürgerlichen Rechtes, nach welchen auch andere Personen antragberechtigt sind, bleiben unberührt.

§ 596. Der Antrag kann bei dem Gericht schriftlich eingereicht oder zu Protokoll des Gerichtsschreibers angebracht werden. Es soll eine Angabe der ihn begründenden Thatsachen und die Bezeichnung der Beweismittel enthalten.

§ 597. Das Gericht ordnet nach Prüfung des Antrages

die Einberufung des Familienraths (§§ 1859a ff., 1905a f., 1910 f. Bürgerlichen Gesetzbuchs) an, welcher sich gutachtlich über den Antrag — sowohl was die Begründung desselben, als was die Nothwendigkeit der Entmündigung oder Pflegschaftsbestellung anlangt — in einem mit Gründen versehenen Bericht zu äussern hat.

§ 598. Der Antrag, sowie das Gutachten des Familienraths sind von Amtswegen dem zu Entmündigenden, welcher demnächst zu seiner persönlichen Vernehmung vor dem erkennenden Gericht zu laden ist, mit der Ladung zuzustellen. Gleichzeitig ist ihm aus der Anzahl der bei dem Landgericht zugelassenen Rechtsanwälte ein Beistand zu bestellen.

Der Vernehmung muss der Staatsanwalt beiwohnen.

Zu derselben sind ein oder mehrere Sachverständige hinzuzuziehen. Der oder die Sachverständigen müssen den Kranken vor dem Vernehmungstermin mehrmals (bis dreimal) besucht und auf seinen Geisteszustand untersucht haben, insbesondere auch nach der Richtung hin, ob sein Erscheinen vor dem erkennenden Gericht mit Rücksicht auf seinen Zustand unmöglich oder mit Gefahren für seine Gesundheit verknüpft ist. Falls der Sachverständige dieser Ansicht ist, muss er dies dem Gericht vor dem Termin anzeigen und kann die Vernehmung des Kranken alsdann in der Wohnung oder Anstalt durch einen beauftragten Richter, aber gleichfalls unter Zuziehung des Staatsanwalts und der Sachverständigen erfolgen.

Der Vernehmung muss auch der Rechtsbeistand des zu Entmündigenden oder unter Pflegschaft zu Stellenden zugezogen werden.

Vor der Vernehmung kann das Gericht Einreichung eines ärztlichen Attestes anordnen.

Ist nach Ansicht des Gerichts und der Staatsanwaltschaft nach Lage der Sache die Vernehmung des Kranken unausführbar oder unerheblich, so kann sie unterbleiben.

Der Gerichtsbeschluss, welcher dies ausspricht, kann vom Rechtebeistand des zu Entmündigenden, dem zur Stellung des Entmündigungsantrags Berechtigten, den Mitgliedern des Familienraths, und wenn er gegen den Antrag der Staatsanwaltschaft ergangen ist, auch von dieser mit der sofortigen Beschwerde angefochten werden.

§ 599. Nach der Vernehmung hat das Gericht unter Benutzung der im Antrag angegebenen Thatsachen und Beweismittel die zur Feststellung des Geisteszustandes erforderlichen Ermittelungen zu veranstalten und die geeignet erscheinenden Beweismittel aufzunehmen (auch im Fall Abs. 6 des § 598).

Für die Vernehmung und Beeidigung der Zeugen kommen die Bestimmungen im 7. und 8. Abschnitt des 1. Titels des II. Buches zur Anwendung. Die Anordnung der Haft im Falle des § 355 kann von Amtswegen erfolgen.

Der Staatsanwalt kann in allen Fällen das Verfahren durch Anstellung von Anträgen betreiben.

Die Entmündigung darf nicht ausgesprochen werden, bevor das Gericht einen oder mehrere Sachverständige über den Geisteszustand des zu Entmündigenden gehört hat.

§ 600. Sobald das Gericht die Anordnung einer Fürsorge für die Person oder das Vermögen des zu Entmündigenden für erforderlich hält, ist der Vormundschaftsbehörde zum Zweck dieser Anordnung Mittheilung zu machen (§ 1906 Bürgerl. Gesetzbuch).

§ 601. Das ergangene Urtheil ist von Amtswegen dem Antragsteller, der Staatsanwaltschaft und dem zu Entmündigenden zu Händen seines Rechtsbeistandes, sowie dem vorläufigen Vormund zuzustellen.

§ 602. Das Urtheil des Landgerichts kann von dem Antragsteller, der Staatsanwaltschaft, dem zu Entmündigenden durch seinen Rechtsbeistand oder dem vorläufigen Vormund durch die Berufung angefochten werden.

Auf das Verfahren in der Berufungsinstanz finden die Vorschriften des 3. Buches Abschnitt 1 und die Vorschriften der §§ 597 ff. entsprechende Anwendung. Die Vernehmung des zu Entmündigenden kann aber auf Gerichtsbeschluss mit Rücksicht auf die weite Entfernung des Wohnorts desselben am Sitz des Berufungsgerichts durch einen beauftragten Richter erfolgen.

§ 603. Für die Berufung ist das Oberlandesgericht,

in dessen Bezirk das Landgericht seinen Sitz hat, ausschliesslich zuständig.

§ 604. Die Berufung richtet sich, falls die Entmündigung ausgesprochen ist, gegen den Antragsteller, wenn die Berufung von dem Antragsteller selbst eingelegt wird, oder der Antrag zurückgewiesen ist, gegen den zu Entmündigenden im Beistande des ihm zugeordneten Rechtsanwalts, oder den vorläufigen Vormund als Vertreter des zu Entmündigenden.

§ 605. Der Parteieneid ist als Beweismittel sowohl in I. wie in II. Instanz ausgeschlossen.

§ 606. Das in der Berufungsinstanz ergangene Urtheil ist den in § 601 aufgeführten Personen von Amtswegen zuzustellen.

§ 607. Dasselbe kann von den in § 602 benannten Personen durch die Revision angefochten werden.

Auf das Verfahren in der Revisionsinstanz finden die Bestimmungen des III. Buches Abschnitt 2 entsprechende Anwendung.

§ 608. Für die Revision ist das Reichsgericht zuständig.

§ 609. Die Revision richtet sich, falls die Entmündigung ausgesprochen ist, gegen den Antragsteller, wird sie von diesem selbst eingelegt oder ist der Antrag zurückgewiesen, gegen den zu Entmündigenden im Beistande des ihm zugeordneten Rechtsanwalts, oder den vorläufigen Vormund als Vertreter des zu Entmündigenden.

§ 610. Die Kosten des Verfahrens sind, wenn die Entmündigung rechtskräftig ausgesprochen ist, von dem Entmündigten, andernfalls von der Staatskasse zu tragen.

Insoweit einen der im § 595 Absatz 1 bezeichneten Antragsteller nach dem Ermessen des Gerichts ein Verschulden trifft, können demselben die Kosten ganz oder theilweise auferlegt werden.

§ 611. Das Urtheil, durch welches die Entmündigung rechtskräftig ausgesprochen ist, ist von Amtswegen der Vormundschaftsbehörde und, wenn eine gesetzliche Vormundschaft stattfindet, auch dem gesetzlichen Vormunde mitzutheilen. Dasselbe ist auch der Staatsanwaltschaft mitzutheilen.

Mit der Zustellung des rechtskräftigen Urtheils an die Vormundschaftsbehörde bezw. den gesetzlichen Vormund tritt die Entmündigung in Wirksamkeit. Ist der Entmündigte nach dem Gutachten der Sachverständigen gemeingefährlich, so hat das Gericht im Urtheil seine Unterbringung in eine Irrenanstalt anzuordnen.

§ 612. Die Vorschriften des 4. Buches (betreffend Wiederaufnahme des Verfahrens) finden entsprechende Anwendung.

§ 613. Ist ein Antrag auf Entmündigung rechtskräftig abgelehnt, so kann derselbe seitens der Antragsberechtigten nur auf Grund neuer Thatsachen und Beweismittel, welche nach der Rechtskraft des erwähnten Urtheils eingetreten oder bekannt geworden sind, von Neuem eingebracht werden.

§ 614. Das Urtheil, welches rechtskräftig die Entmündigung ausgesprochen hat, ist von Amtswegen an der Gerichtstafel des Landgerichts und der in dessen Bezirk belegenen Amtsgerichte durch 3monatlichen Aushang bekannt zu machen.

§ 615. Die Wiederaufhebung der Entmündigung findet statt, wenn die Veranlassung der Entmündigung weggefallen ist.

§ 616. Die Wiederaufhebung der Entmündigung erfolgt durch Urtheil des Landgerichts und auf Antrag derjenigen Personen, welche zur Stellung des Antrags auf Entmündigung befugt waren, des Entmündigten selbst, eventuell durch seinen Vormund, der Mitglieder des Familienraths oder der Staatsanwaltschaft. Will der Vormund nicht den Antrag stellen, so kann dem Entmündigten zu diesem Behuf vom Prozessgericht ein Rechtsanwalt beigeordnet werden.

§ 617. Auf das Verfahren finden die Vorschriften dieses Titels §§ 594f. bis 614 einschliesslich entsprechende Anwendung, soweit die nachfolgenden Bestimmungen nicht Abweichungen enthalten.

§ 618. Der bei dem Landgericht anzubringende Antrag auf Wiederaufhebung der Entmündigung ist gegen die Person, welche den Antrag auf Entmündigung gestellt hat, und wenn dieselbe identisch ist mit der Person, welche die Wiederaufhebung der Entmündigung beantragt, gegen die Staatsanwaltschaft zu richten.

Hat die Staatsanwaltschaft die Entmündigung beantragt und beantragt die Wiederaufhebung derselben, so ist der Antrag gegen den Vormund des Entmündigten als dessen Vertreter zu richten.

§ 619. Wird die Wiederaufhebung der Entmündigung ausgesprochen, oder hat die Staatsanwaltschaft den Antrag gestellt, fallen die Kosten des Verfahrens der Staatskasse, andernfalls dem sonstigen Antragsteller zur Last.

§ 620. Die Wirkung der Wiederaufhebung der Entmündigung tritt mit der Rechtskraft des Urtheils ein, doch können auf Antrag für die Zwischenzeit zum Schutz der Person oder des Vermögens des Entmündigten einstweilige Verfügungen nach Maassgabe der §§ 815 — 822 getroffen werden.

§ 621. Die Vorschriften über das Verfahren betreffend Entmündigung einer Person bezw. Wiederaufhebung der Entmündigung finden auch auf das Verfahren betreffs Stellung einer volljährigen Person unter Pflegschaft (§ 1910 Bürgerlichen Gesetzbuchs) und Wiederaufhebung derselben entsprechende Anwendung.

Neben der öffentlichen Bekanntmachung des rechtskräftigen Urtheils § 614 ist auch die Person des bestellten Pflegers in gleicher Weise bekannt zu geben. Die Bestellung des Pflegers erfolgt durch die Vormundschaftsbehörde.

§ 622. Wird dem Antrag auf Bestellung eines Pflegers stattgegeben, so fallen die Kosten des Verfahrens dem unter Pflegschaft gestellten, im andern Falle dem Antragsteller, und wenn dieser der Staatsanwalt ist, der Staatskasse zur Last.

§ 623. Die Pflegschaft wird wieder aufgehoben, wenn die Gründe, welche zu ihrer Bestellung geführt haben, weggefallen sind.

Die Bestimmung des § 619 findet auch hier entsprechende Anwendung.

§ 624. Auf das Verfahren betreffend die Entmündigung eines Volljährigen wegen Trunksucht (§ 6 Bürgerlichen Gesetzbuchs) und deren Wiederaufhebung finden die Bestimmungen über das Verfahren betreffend Entmündigung wegen Geisteskrankheit und deren Wiederaufhebung (§§ 594 ff. dieses Titels) entsprechende Anwendung.

§ 625. Eine öffentliche Bekanntmachung des Urtels findet nicht statt.

§ 626. Auf das Verfahren betreffend die Entmündigung eines Volljährigen wegen Verschwendung (§ 6 Bürgerlichen Gesetzbuchs) und deren Wiederaufhebung finden die Bestimmungen über das Verfahren betreffend Entmündigung wegen Geisteskrankheit und deren Wiederaufhebung (§§ 594 ff., § 598 Absatz 1, 2 u. 4, § 599 Absatz 1 u. 2, §§ 600 ff. dieses Titels) entsprechende Anwendung.

Die Zuziehung des Staatsanwalts zu der Vernehmung des zu Entmündigenden und seine Anhörung vor Erlass des Endurtheils ist erforderlich.

§ 627. Die Entmündigung einer Person wegen Verschwendung und deren Wiederaufhebung ist gemäss § 614 sowie geeignet erscheinenden Falls auch durch die öffentlichen Blätter bekannt zu machen.

IV. Ferner würde auch das Gerichtsverfassungs-Gesetz vom 27. Januar 1877 insofern einer Abänderung unterliegen, als an Stelle des § 172 in der jetzigen Fassung sich folgende Fassung empfehlen dürfte:

§ 172. Das Verfahren wegen Entmündigung und Pflegschaftsbestellung oder Wiederaufhebung derselben (§§ 593 ff.) ist nicht öffentlich;

und in § 202 l. c. dürfte eine neue No. 7 eingefügt werden, nach welcher auch Entmündigungs- und Pflegschaftssachen (§§ 593 ff.) als Feriensachen zu erachten sind.

V. Für den § 81 der Strafprozessordnung vom 1. Februar 1877 würde ich nachstehende Fassung vorschlagen:

§ 81. Das Gericht kann in den Fällen, in denen der Geisteszustand des Angeschuldigten, Beschuldigten oder Angeklagten nach den in dem Verfahren ermittelten Thatsachen, insbesondere dem Gutachten eines Sachverständigen zu Bedenken Veranlassung bietet, von Amtswegen, auf Antrag eines Sachverständigen, des Be- oder Angeschuldigten bezw. Angeklagten bezw. seines Vertheidigers und auch — besonders im Ermittelungsverfahren — auf Antrag des Staatsanwalts und nach Anhörung des Vertheidigers des zu Untersuchenden anordnen, dass der Be- oder Angeschuldigte bezw. Angeklagte in eine gerichtliche Irrenanstalt gebracht und dort zwecks Vorbereitung eines Gutachtens über seinen Geisteszustand beobachtet werde.

Dem Be- oder Angeschuldigten, sowie dem Angeklagten, der keinen Vertheidiger hat, ist solcher zu diesem Zweck zu bestellen.

Gegen den Beschluss findet die sofortige Beschwerde statt, dieselbe hat aufschiebende Wirkung.

Die Verwahrung in der Anstalt darf die Dauer von sechs Wochen nicht übersteigen.

Falls der Be- oder Angeschuldigte oder der Angeklagte nach dem schriftlichen, mit Gründen zu versehenden Gutachten des gerichtlichen Sachverständigen oder des Anstaltsarztes gemeingefährlich ist, kann das Gericht unter Beobachtung der im Absatz 1 ausgesprochenen Vorschriften anordnen, dass der Be- oder Angeschuldigte oder Angeklagte in der Anstalt bis zur endgültigen Entscheidung, ob er wegen Geisteskrankheit einer gerichtlichen Irrenanstalt zu überweisen ist, verbleibt.

Diese Entscheidung ist von der für die Entmündigung der betreffenden Person zuständigen Civilkammer auf Antrag der Staatsanwaltschaft in Gemässheit der Vorschriften der §§ 593 ff. der Reichs-Civilprocessordnung zu treffen. Die Civilkammer entscheidet auch über den Fall, dass die Entlassung der betroffenen Person in Folge Heilung erforderlich werden sollte.

Vor jeder Entscheidung ist der Staatsanwalt zu hören, dem auch die Ausführung der in diesem Paragraphen angeführten gerichtlichen Anordnungen obliegt.

VI. Im Einklang mit dem Vorgetragenen dürfte für den § 51 des Reichs-Strafgesetzbuchs vom 15. Mai 1871 folgende Aenderung vorzuschlagen sein:

§ 51. Eine strafbare Handlung ist nicht vorhanden, wenn der Thäter, zur Zeit der Begehung der Handlung, sich in einem Zustande von Bewusstlosigkeit oder krankhafter Störung der Geistesthätigkeit befand, durch welche seine freie Willensbestimmung ausgeschlossen war. Das Gericht ist aber befugt, wenn aus den vorstehenden Gründen die endgültige oder vorläufige Einstellung des Verfahrens, oder die Ausserverfolgsetzung bezw. Freisprechung des Thäters ausgesprochen werden muss, und der Zustand des Thäters nach sachverständigem Gutachten als ein gemeingefährlicher zu erachten ist, in dem das Verfahren einstellenden Beschluss, dem freisprechenden Urtheil, oder dem die Ausserverfolgsetzung aussprechenden Beschluss die Unterbringung des Thäters — auch wenn sich derselbe auf freiem Fusse befindet — in eine gerichtliche Irrenanstalt nach Maassgabe des § 81 Abs. 5 ff. der R.-Strafprozessordnung anzuordnen.

Im Falle die Einstellung des Verfahrens im Ermittelungs-Verfahren seitens der Staatsanwaltschaft stattfindet, hat das Gericht den in Rede stehenden Beschluss, auf den von der Staatsanwaltschaft zu stellenden Antrag, zu erlassen.

Das weitere Verfahren regelt sich nach den Bestimmungen des § 81 Abs. 5 ff. der St.P.O. und der §§ 593 ff. der Civilprozessordnung.

Druck der Norddeutschen Buchdruckerei, Berlin SW., Wilhelmstr. 32.

FSC
www.fsc.org
MIX
Papier | Fördert gute Waldnutzung
FSC® C083411

Kolibri 360 GmbH
Ferdinand-Jühlke-Straße 7
99095 Erfurt, Deutschland
produktsicherheit@kolibri360.de